Mariana C.

Cum să-ți găsești sufletul pereche

Psihologia relatiilor

Dezvoltare personala

Mariana C.

De la acelaș autor:

1 ,, Armonia in cuplu " - explorează diverse aspecte ale relațiilor umane, de la comunicare și empatie, la rezolvarea conflictelor și construirea unei relații de cuplu sănătoase și echilibrate.

2 ,,Vindecarea rănilor emoționale în relații ''- este o carte profundă și captivantă ,care explorează complexitatea relațiilor interpersonale și impactul pe care trecutul emoțional îl poate avea asupra lor.

Capitolul 6: Construirea unei relații sănătoase și echilibrate.

- Stabilește limite sănătoase și respectă-ți și valorile în relație.

- Acordă timp și atenție partenerului tău, iară nu uita de propriile nevoi și dorințe.

Capitolul 7: Crearea de momente speciale și memorabile .

- Găsește modalități de a-ți exprima dragostea și recunoștința față de partenerul tău.

 - Planifică activități și excursii care să vă apropie și să vă întărească relația .

Capitolul 8: Soluționarea conflictelor și gestionarea tensiunilor.

 - Învață să comunici deschis și să rezolvi problemele într-un mod constructiv.

- Fii dispus să asculți și să îți schimbi perspectiva pentru a găsi soluții în cadrul relației.

Capitolul 9: Încurajarea creșterii personale și a dezvoltării relației .

 - Sprijină-ți partenerul în obiectivele și pasiunile sale.

 - Fii dispus să te dezvolți și să crești împreună cu partenerul tău.

Capitolul 10: Întreținerea pasiunii și romantismului în relație.

 - Nu uita să îți exprimi dragostea și afecțiunea față de partenerul tău.

 - Investește în relația ta și găsește modalități de a menține flacăra vie.

Capitolul 11: Găsirea echilibrului și fericirii în relație.

- Învață să fii recunoscător și să apreciezi momentele frumoase împărtășite cu partenerul tău.

- Găsește un echilibru între timpul petrecut împreună și timpul petrecut cu prietenii și familia.

Capitolul 12: Întărirea angajamentului și a dorinței de a face relația să funcționeze.

- Fii dispus să investești efort și timp în relația ta .

- Angajează-te să lucrezi împreună cu partenerul tău pentru a construi o relație sănătoasă și fericită.

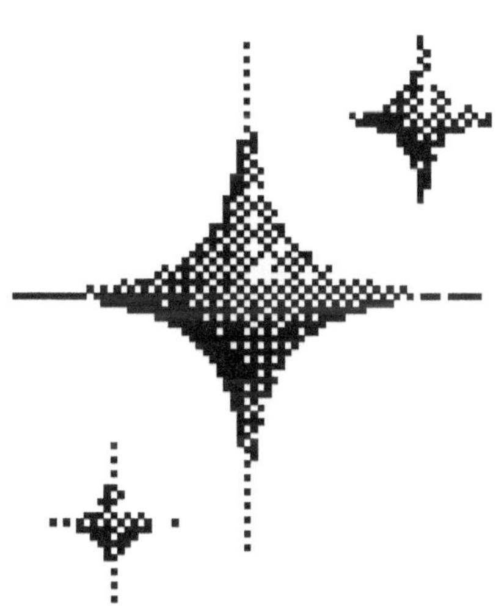

"Dragostea nu constă în a găsi pe cineva cu care să trăiești. Ea constă în a găsi pe cineva fără de care nu ai putea trăi." - Rafael Ortiz

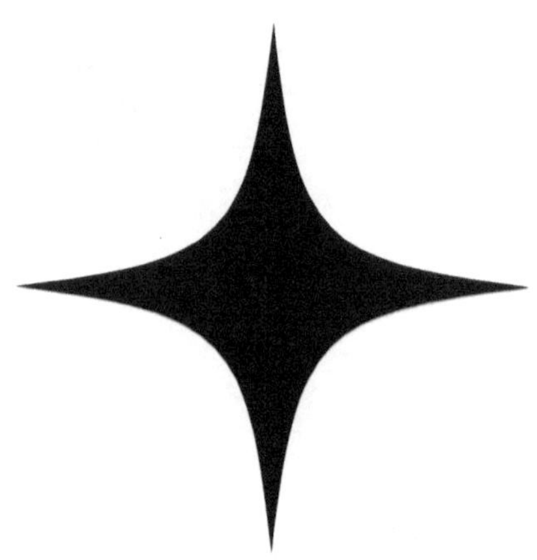

Găsirea sufletului pereche este unul dintre cele mai mari dorințe ale oamenilor din întreaga lume. Este acea persoană care ne completează, ne înțelege și ne acceptă așa cum suntem cu toate calitățile și defectele noastre. Este o conexiune atât de puternică, încât pare că suntem făcuți unul pentru celălalt.

Procesul de găsire a sufletului pereche poate fi lung și uneori dificil. Uneori poate fi greu să recunoaștem faptul că persoana de lângă noi este chiar acel suflet pereche pe care l-am căutat atât de mult. Însă atunci când această conexiune se stabilește, este imposibil să nu o recunoaștem.

Găsirea sufletului pereche nu se referă doar la romantism, ci și la un partener care ne susține, ne motivează și ne împinge să fim cea mai bună versiune a noastră. Este acea persoană care ne face să simțim că putem să facem orice și să trecem peste orice obstacol.

Este important să fim deschiși și receptivi în căutarea sufletului pereche. Să nu ne limităm la așteptările noastre sau la tiparele pe care le-am creat în mintea noastră. Uneori sufletul pereche poate fi chiar în fața noastră, dar nu îl vedem pentru că nu corespunde așteptărilor noastre prestabilite.

Găsirea sufletului pereche este un proces minunat și magical, care ne aduce bucurie, fericire și împlinire.

Capitolul 1: Autocunoașterea și îmbunătățirea de sine.

- Explorează-ți propriile dorințe, valori și interese
- Învață să fii fericit și mulțumit de sine.
- Dezvoltă-ți încrederea în tine și stima de sine.

Autocunoașterea și îmbunătățirea de sine sunt procese esențiale pentru dezvoltarea personală și profesională a unei persoane. Autocunoașterea implică înțelegerea propriei identități, a valorilor, credințelor și emoțiilor, în timp ce îmbunătățirea de sine se referă la eforturile constante de a lucra asupra aspectelor personale care pot fi îmbunătățite și dezvoltate.

Prin autocunoaștere, o persoană poate identifica punctele sale tari și slabe, astfel încât să poată înțelege mai bine modul în care acționează și reacționează în diverse situații. Cu cât o persoană este mai conștientă de sine, cu atât este mai capabilă să controleze și să îmbunătățească comportamentul său.

Îmbunătățirea de sine implică munca asupra aptitudinilor, abilităților și comportamentelor personale în vederea creșterii și evoluției individuale. Acest proces poate implica stabilirea de obiective personale, dobândirea de noi competențe, dezvoltarea de relații sănătoase sau adoptarea unui stil de viață sănătos.

Autocunoașterea și îmbunătățirea de sine sunt aspecte esențiale ale dezvoltării personale și profesionale și pot contribui la realizarea potențialului maxim al unei persoane în diferite domenii de viață. Este important să fie un proces continuu și să fie abordat cu seriozitate și dedicare pentru a aduce schimbări pozitive în viața unei persoane.

Autocunoașterea este procesul de a-ți cunoaște și înțelege propriile gânduri, emoții, comportamente și motive. Este capacitatea de a observa și analiza modul în care te percep pe tine însuți, de a identifica punctele tale forte și slabe, de a recunoaște ce te motivează și ce te frânează.

Autocunoașterea este un aspect important al dezvoltării personale și a creșterii emoționale și poate fi un factor esențial în atingerea succesului personal și profesional. Prin autocunoaștere, poți să-ți îmbunătățești relațiile cu ceilalți, să faci alegeri mai bune și să-ți atingi obiectivele pe termen lung.

Există diferite tehnici și modalități prin care poți să-ți dezvolți autocunoașterea, cum ar fi jurnalul de reflecție, meditația, terapia sau feedback-ul de la ceilalți. Este important să fii sincer și deschis cu tine însuți în acest proces și să fii dispus să te întrebi și să te cunoști în profunzime.

Iata 5 modalități prin care poți să-ți dezvolți autocunoașterea:

1. Jurnalul de reflecție: Ține un jurnal în care să notezi gândurile, emoțiile și experiențele tale. Acest exercițiu te va ajuta să-ți cunoști mai bine reacțiile și să-ți descoperi valorile și interesele personale.
De exemplu, poți să notezi cum te-ai simțit într-o anumită situație sau ce ai învățat dintr-o experiență.

2. Meditația: Meditația te poate ajuta să-ți calmezi mintea și să-ți descoperi gândurile și emoțiile subiacente. Prin practicarea regulată a meditației, poți să-ți îmbunătățești capacitatea de auto-observare și de conștientizare a propriilor reacții.
De exemplu, poți să meditezi asupra unui anumit aspect al personalității tale sau să analizezi modul în care reacționezi în situații tensionate.

3. Feedback-ul de la ceilalți: Întreabă-ți prietenii, familia sau colegii de muncă cum te percep ei și ce calități sau defecte consideră că ai. Acest feedback extern te poate ajuta să obții o perspectivă mai obiectivă asupra ta însuți și să identifici aspecte pe care poate nu le-ai observat sau recunoscut până acum.
De exemplu, dacă un prieten îți spune că ești foarte empatic, poți să-ți dai seama că aceasta este o trăsătură importantă a personalității tale.

4. Teste de personalitate: Există numeroase teste de personalitate disponibile online care te pot ajuta să-ți înțelegi mai bine stilul de gândire, preferințele și trăsăturile de personalitate.

5. Terapia: În cazul în care simți că ai dificultăți în a-ți cunoaște și înțelege propriile emoții și gânduri, poți apela la terapie. Un terapeut te poate ajuta să explorezi aspecte adânci ale personalității tale și să îți oferi suport și instrumente pentru a-ți îmbunătăți autocunoașterea. De exemplu, prin discuțiile cu un psihoterapeut, poți să identifici traume sau experiențe care îți influențează comportamentul și gândirea în prezent.

Îmbunătățirea de sine este un proces continuu prin care persoanele își propun să devină mai bune, mai eficiente și mai înțelepte în diferite aspecte ale vieții lor. Acest proces implică autoreflecție, identificarea punctelor slabe și a punctelor forte, stabilirea obiectivelor personale și găsirea modalităților de a le atinge.

Îmbunătățirea de sine poate fi atinsă prin dezvoltarea abilităților personale și profesionale, îmbunătățirea stimei de sine și a încrederii în sine, gestionarea emoțiilor și a stresului, menținerea unui echilibru între viața personală și cea profesională, adoptarea unui stil de viață sănătos și valorificarea relațiilor interpersonale.

Pentru a atinge obiectivele de îmbunătățire personală, este important să ne autoeducăm, să ne dezvoltăm abilitățile de comunicare și să fim deschiși la schimbare și la feedbackul celor din jur. Este esențial să ne asumăm responsabilitatea pentru propria dezvoltare și să fim disciplinați în atingerea obiectivelor pe care ni le-am propus.

Îmbunătățirea de sine este un proces individual și personalizat, care necesită răbdare, dedicare și perseverență. Este important să fim conștienți de faptul că fiecare pas mic în direcția corectă contează și că fiecare reușită aduce cu sine o creștere personală și o mai mare satisfacție de sine.

Pentru a învăța să fii fericit și mulțumit de sine, este important să îți acorzi timp pentru a te cunoaște și a-ți descoperi pasiunile și valorile. Începe prin a te concentra pe lucrurile care îți aduc bucurie și satisfacție, și fii recunoscător pentru tot ce ai în viața ta.

În același timp, este important să-ți accepți atât calitățile, cât și defectele, și să înveți să te ierți și să te iubești așa cum ești. Fă-ți timp pentru activități care îți aduc pace și liniște, cum ar fi meditația sau plimbările în natură, și învață să te relaxezi și să te destresezi atunci când simți că ești copleșit de emoții negative.

De asemenea, păstrează un echilibru între munca și viața personală, și acordă-ți timp pentru a te bucura de momentele petrecute alături de cei dragi.

Învață să apreciezi lucrurile mărunte din viața ta și să te concentrezi pe partea pozitivă a lucrurilor, în loc să te lași dominat de gânduri negre sau de autosabotaj.

Să fii fericit și mulțumit de sine este un proces de învățare și dezvoltare continuă, așa că fii blând cu tine însuți și ai răbdare în această călătorie către autodepășire și împlinire personală.

Amintește-ți că fericirea și mulțumirea de sine vin din interior și nu depind de circumstanțele externe, așa că ai puterea de a te simți bine indiferent de situația în care te afli.

Pentru a învăța să fii fericit și mulțumit de tine însuți, este important să îți accepți și să îți iubești cu adevărat pe tine însuți.

Iată câteva sfaturi care te-ar putea ajuta în acest sens:

1. Fii recunoscător pentru ceea ce ai: Începe ziua cu gânduri pozitive și recunoștință pentru tot ceea ce ai în viața ta. Fii conștient de lucrurile bune din viața ta și apreciază-le.

2. Acceptă-ți imperfecțiunile: Nimeni nu este perfect, așa că învață să îți accepți și să iubești toate calitățile și defectele tale. Nu te critica prea aspru și nu îți impune standarde imposibile.

3. Fă lucruri care îți aduc bucurie: Găsește activități care îți fac plăcere și care te fac să te simți fericit și împlinit. Fie că este vorba despre citit, pictat, gătit sau alergat, fă loc în viața ta pentru lucrurile care te fac să zâmbești.

4. Îngrijește-ți corpul și mintea: Acordă atenție sănătății tale fizice și mentale. Fii grijuliu cu tine însuți, fa sport regulat, odihnește-te suficient și alimentează-te echilibrat.

5. Practică auto-îngrijirea și automulțumirea: Fă-ți timp pentru tine însuți și îngrijește-te cu dragoste și respect. Fii blând cu tine însuți și vorbește cu tine așa cum ai vorbi cu un prieten drag.

Învățarea să fii fericit și mulțumit de tine este un proces care necesită timp și răbdare, dar cu practică și dedicare, poți ajunge să te simți mai încrezător și mai fericit în propria piele.

Încrederea în sine este un aspect extrem de important în dezvoltarea personală și în atingerea obiectivelor pe care ni le propunem. Lipsa încrederii în sine poate fi una dintre principalele bariere în calea succesului și a satisfacției personale.

Pentru a îți dezvolta încrederea în tine, este important să începi prin a-ți cunoaște și accepta punctele tari și slabe. Învață să îți apreciezi calitățile și să le pui în valoare, dar și să îți recunoști limitele și să lucrezi pentru a le depăși în mod conștient și constant.

Un alt pas important în dezvoltarea încrederii în sine este să îți fixezi obiective clare și realiste, pe care să le urmărești cu determinare și perseverență. Atunci când reușești să îți atingi aceste obiective, vei simți că eforturile tale au fost răsplătite și vei câștiga mai multă încredere în propriile capacități.

Nu uita să îți acorzi timp și spațiu pentru a-ți exprima emoțiile și gândurile și pentru a își acționa în mod constructiv și pozitiv.

Dezvoltarea încrederii în tine este un proces continuu și nu un scop final în sine. Este important să cauți mereu să îți depășești limitele, să îți pui la încercare confortul și să rămâi deschis la noi oportunități și provocări, pentru a crește și a te transforma într-o persoană mai puternică și mai încrezătoare în sine.

Încrederea în sine și stima de sine sunt două aspecte fundamentale ale dezvoltării personale și influențează în mod semnificativ modul în care ne percepem și cum interacționăm cu ceilalți.

Dacă simțiți că aveți nevoie să vă dezvoltați încrederea în sine și stima de sine, iată câteva sfaturi care vă pot ajuta:

- Identificați și acceptați aspectele pozitive ale personalității și lucrurilor pe care le faceți bine. Aprecierea propriilor realizări și calități este esențială pentru a nutri încrederea în sine.

- Rămâneți în prezent și conștientizați-vă gândurile și emoțiile. Practicând mindfulness și meditație, veți fi mai conectat cu voi înșivă și veți putea să vă gestionați mai bine emoțiile negative.

- Stabiliți obiective realiste și lucrați constant pentru a le atinge. Sentimentul de reușită va crește încrederea în sine.

- Încercați să nu vă comparați cu alții și să nu vă lăsați influențați de părerile sau criticile celor din jur. Încrederea în sine vine din interiorul nostru, nu din validarea externă.

- Îngrijiți-vă de corpul vostru și de minte, dormiți suficient, mâncați sănătos, faceți exerciții fizice și evitați stresul în exces.

- Fiți deschiși la schimbare și învățați din eșecuri. Eșecurile sunt oportunități de creștere și învățare.

- Cautați sprijinul și încurajarea celor dragi sau a unui terapeut în cazul în care vă confruntați cu dificultăți în dezvoltarea încrederii și stimei de sine.

Practicând aceste sfaturi în mod constant și consecvent, veți observa îmbunătățiri în ceea ce privește încrederea în sine și stima de sine, ceea ce vă va permite să aveți relații mai sănătoase cu voi înșivă și cu ceilalți.

Stima de sine este un aspect extrem de important al dezvoltării personale și al relațiilor interpersonale. Este esențial să ai încredere în propriile abilități și valori pentru a te putea bucura de o viață fericită și împlinită.

Pentru a-ți dezvolta stima de sine, este important să începi prin a-ți accepta și iubi propria persoană așa cum ești. Recunoașterea aspectelor pozitive ale personalității tale și valorizarea calităților tale te vor ajuta să te simți mai bine cu tine însuți.
De asemenea, este esențial să îți setezi obiective realiste și să lucrezi în mod constant pentru atingerea lor. Succesele mici și mari pe care le obții te vor ajuta să îți întărești stima de sine și să te simți mai încrezător în propriile abilități..

În același timp, este important să îți accepți și să îți ierți propriile greșeli și să înveți din ele. Astfel, vei putea să te dezvolți constant și să îți îmbunătățești stima de sine.

Este crucial să îți acorzi timp pentru a te relaxa și a te bucura de lucrurile care te fac fericit. Fie că este vorba despre practicarea unui hobby, petrecerea timpului cu cei dragi sau pur și simplu odihna, este important să îți acorzi atenția și timpul necesar pentru a-ți întări stima de sine și a te simți bine în propria piele.

Dezvoltarea stimei de sine este un proces care poate necesita timp și efort, dar este esențial pentru a avea o stare mentală sănătoasă și a avea încredere în propria persoană.

Iată câteva exemple de cum poți să-ți dezvolți stima de sine:

1. Recunoașterea și aprecierea realizărilor tale: Atunci când îți îndeplinești obiectivele sau reușești să rezolvi o situație dificilă, e important să îți recunoști eforturile și să îți apreciezi munca depusă. Fie că este vorba de terminarea unui proiect la muncă sau de a-ți propune să fii mai activ fizic, fiecare reușită merită să fie apreciată.

2. Iubirea de sine: Îngrijirea de sine și auto-acceptarea sunt două aspecte esențiale pentru dezvoltarea stimei de sine. Îți poți îmbunătăți stima de sine prin activități care îți aduc bucurie, cum ar fi sportul, meditația sau vizionarea unui film preferat. Este important să îți acorzi timp pentru tine și să înveți să te iubești așa cum ești.

3. Setarea de obiective realiste: Atunci când îți propui obiective care sunt realizabile și mici, îți poți îmbunătăți încrederea în propriile capacități. Dacă îți propui un obiectiv mare și complex, împarte-l în pași mici și sărbătorește fiecare reușită intermediară. Astfel, vei vedea că eforturile tale sunt într-adevăr valoroase și că poți să obții ce dorești.

4. Auto-reflecția pozitivă: Examinează-ți constant gândurile și emoțiile și încearcă să le înlocuiești pe cele negative cu gânduri pozitive. Acest lucru poate contribui la creșterea stimei de sine și la încrederea în propriile capacități. Încurajarea propriei persoane și aprecierea calităților tale sunt aspecte importante pentru dezvoltarea stimei de sine.

Este important să fii blând cu tine însuți și să accepți că procesul de dezvoltare a stimei de sine este unul care necesită timp și efort, dar rezultatele vor fi cu adevărat benefice pentru tine.

Va propun 10 exercitii practice pentru autocunoașterea și îmbunătățirea de sine.

1. Jurnal de reflectare: Alocă timp zilnic pentru a scrie într-un jurnal despre emoțiile, gândurile și experiențele tale. Analizează aceste înregistrări pentru a-ți cunoaște mai bine propriile sentimente și reacții.

2. Meditație: Prin practicarea meditației poți începe să-ți observi mai atent gândurile și emoțiile, și să înțelegi mai bine cum te influențează acestea. Setați-vă un moment în fiecare zi pentru a medita și observați cum vă îmbunătățește această practică conștiența de sine.

3. Autoanaliză: Începe să-ți pui întrebări despre cine ești cu adevărat, ce îți dorești în viață și care sunt valorile tale. Reflectează asupra răspunsurilor tale și încearcă să-ți îmbunătățești viața conform acestora.

4. Teste de personalitate: Fă teste de personalitate online sau consultă un specialist pentru a obține o perspectivă mai cuprinzătoare asupra trăsăturilor tale dominante și a comportamentelor tale caracteristice.

5. Feedback-ul celor din jur: Întreabă prietenii sau colegii pentru feedback despre cum te percep ei și ce aspecte ar putea fi îmbunătățite. Acest lucru te poate ajuta să te cunoști mai bine și să identifici zonele în care poți lucra pentru a te dezvolta.

6. Întâlniri cu tine însuți: Ieși singur la plimbare, la film sau la cină și petrece timp doar cu tine însuți. Acest lucru te poate ajuta să te conectezi cu propriile gânduri și sentimente, fără distrageri externe.

7. Încurajează-te să ieși din zona ta de confort: Încercă lucruri noi sau provocări pentru a-ți testa limitele și a te cunoaște mai bine în diverse situații. De exemplu, participă la un curs nou, încearcă un sport pe care nu l-ai mai practicat sau explorează un hobby nou.

8. Acordă atenție nevoilor tale: Fii atent la propriile nevoi și dorințe și acționează în consecință. Învață să-ți accepți propriile limite și să-ți acorzi timp pentru a te îngriji și a-ți dezvolta abilitățile.

9. Educație continuă: Citește cărți de dezvoltare personală, participă la workshop-uri sau cursuri despre autodisciplină și îmbunătățire personală pentru a-ți extinde cunoștințele și a crește nivelul de conștientizare de sine.

10. Practică recunoștința: În fiecare zi, gândește-te la lucrurile pentru care ești recunoscător și la aspectele pozitive ale vieții tale. Arecierea a ceea ce ai și a ceea ce ești te poate ajuta să-ți dezvolți o perspectivă mai pozitivă și să te conectezi mai profund cu tine însuți.

"Nu poți găsi sufletul pereche fără a te cunoaște pe tine însuți în primul rând."
- Confucius

Capitolul 2: Stabilește criteriile și valorile tale.

- Identifică ce îți dorești într-o relație și ce nu ești dispus să tolerezi.
- Stabilește-ți valorile și prioritățile în relație.

Criteriile și valorile individuale reprezintă principiile și standardele personale în funcție de care o persoană își ghidează comportamentul și deciziile. Acestea sunt unice pentru fiecare individ și pot varia în funcție de experiențele de viață, educație, valori culturale sau religioase.

Printre criteriile și valorile individuale se pot număra onestitatea, integritatea, respectul față de ceilalți, responsabilitatea, loialitatea, dorința de autodezvoltare sau de a contribui la binele comun. Unii pot acorda o importanță deosebită succesului profesional sau material, în timp ce alții pot pune mai mult accent pe relațiile interpersonale sau pe spiritualitate.

Criteriile și valorile individuale pot fi stabilite și reevaluate în timp, în funcție de schimbările din viața persoanei sau de conștientizarea unor aspecte noi.
Este important ca fiecare persoană să-și cunoască și să-și definească propriile criterii și valori, deoarece acestea vor avea un impact semnificativ asupra modului în care ia decizii și își trăiește viața.

Criteriile individuale sunt standarde și principii personale care ghidează deciziile și acțiunile unei persoane. Aceste criterii pot varia în funcție de valorile și credințele individuale ale fiecăruia. Printre criteriile individuale comune se pot enumera:

1. Integritatea - stabilirea unui standard de onestitate și corectitudine în toate acțiunile și relațiile cu ceilalți.
2. Responsabilitatea - asumarea responsabilității pentru propriile acțiuni și consecințele acestora.
3. Empatia - capacitatea de a înțelege și de a simți emoțiile și perspectivele altora.
4. Respectul - tratamentul adecvat și corect al celorlalți, indiferent de diferențe sau opinii.
5. Autenticitatea - exprimarea sinceră a propriilor gânduri, sentimente și valori.
6. Curajul - abilitatea de a face alegeri și de a acționa în ciuda fricilor sau presiunilor externe.
7. Flexibilitatea - capacitatea de a se adapta la schimbări și de a accepta diferite perspective.

Aceste criterii individuale pot fi adaptate în funcție de contextul și valorile personale ale fiecăruia, dar servesc drept ghid pentru luarea deciziilor și gestionarea relațiilor cu ceilalți.

Valoarea individuala se refera la principiile, credintele si caracteristicile proprii unei persoane care o definesc ca individ unic. Acestea pot include calitati cum ar fi integritatea, onestitatea, compasiunea, creativitatea, autenticitatea, responsabilitatea sau curajul.

Fiecare persoana are propriile sale valori individuale care ii ghideaza actiunile si deciziile. Aceste valori sunt adesea formate de experientele de viata, educatie, mediu cultural si social, dar si de propriile principii morale si sentimente personale.

Pentru unele persoane, valoarea individuala poate fi reprezentata de respectul fata de ceilalti, iar pentru altele poate fi autonomia sau libertatea personala. Unii pot valora autenticitatea si transparenta in interactiunile lor cu ceilalti, in timp ce altii pot considera ca succesul sau prosperitatea sunt cele mai importante.

Indiferent de natura sau de originea lor, valorile individuale sunt un element central al identitatii fiecarei persoane si joaca un rol important in stabilirea prioritatilor si a obiectivelor personale. Este esential sa ne cunoastem propriile valori individuale si sa le folosim ca ghid in luarea deciziilor pentru a ne asigura ca traim o viata autentica si implinita.

Cu toate acestea, există câteva valori și criterii comune care sunt importante pentru mulți oameni:

1. Integritate. A avea integritate înseamnă să fii sincer, corect și consecvent în acțiunile și cuvintele tale.
De exemplu, o persoană care își ține mereu promisiunile și acționează cu onestitate în relațiile sale ar putea considera integritatea ca o valoare importantă.

2. Responsabilitate. A fi responsabil înseamnă să fii conștient de consecințele acțiunilor tale și să îți asumi răspunderea pentru ele.
De exemplu, o persoană care își recunoaște greșelile și se străduiește să le corecteze demonstrează responsabilitate.

3. Empatie. Empatia este capacitatea de a înțelege și de a simți emoțiile altor persoane și de a le lua în considerare în luarea deciziilor.
De exemplu, o persoană care este empatică va fi mai probabil să fie atentă la nevoile altora și să ofere sprijin atunci când este necesar.

4. Respect. Respectul înseamnă să tratezi pe ceilalți cu politețe, înțelegere și considerație.
De exemplu, o persoană care respectă diferențele de opinie și culturale ale altora va fi mai probabil să fie respectată în schimb.

Atunci când începem o relație, fiecare dintre noi are anumite dorințe și așteptări legate de partenerul nostru și de modul în care ne dorim să evolueze relația noastră. Identificarea și comunicarea acestor dorințe și așteptări este extrem de importantă pentru a putea construi o relație sănătoasă și împlinitoare.

Fiecare persoană are propriile dorințe și așteptări într-o relație, care pot fi influențate de experiențele anterioare, valorile personale, nevoile emoționale sau alte aspecte personale specifice.

De exemplu, unele persoane pot dori un partener care să fie alături de ele în momentele dificile, să le asculte cu atenție și să le ofere sprijin emoțional. Altele pot dori un partener care să fie aventuros și energic, care să le provoace și să le motiveze să își îndeplinească visele și obiectivele. Este important să identificăm aceste dorințe și să le comunicăm cu sinceritate partenerului nostru.

Este important să fim conștienți de faptul că dorințele și așteptările noastre pot evolua pe parcursul relației și că este important să ne asigurăm că partenerul nostru este la curent cu aceste schimbări. Comunicarea deschisă și sinceră este cheia pentru a construi o relație sănătoasă și armonioasă, în care amândoi partenerii se simt înțeleși, acceptați și sprijiniți în dorințele și așteptările lor.

Într-o relație, există anumite comportamente sau aspecte pe care nu trebuie să le tolerati sub nicio formă. Acest lucru include minciunile repetate, lipsa de încredere sau respect, lipsa de comunicare sau ascultare, abuzul verbal sau fizic, infidelitatea sau lipsa de susținere și sprijin reciproc.

- NU tolera o relație în care partenerul nu vă respectă sau nu vă susține, unde există lipsă de comunicare și încredere, unde se recurge la minciuni sau manipulare pentru a obține ceea ce își dorește.

- NU tolera abuzul verbal sau fizic sau infidelitatea în nicio formă.Este important pentru să ai o relație sănătoasă, respectuoasă și bazată pe încredere reciprocă, comunicare deschisă și sprijin reciproc.

- NU accepta să fii tratat cu dispreț sau ignorată, și nu sta într-o relație care te afectează în mod negativ starea de bine și sănătatea mentală.

Este important să ai respectul și susținerea partenerului în toate aspectele vieții și să lucrezi împreună pentru a menține o relație sănătoasă și fericită.

Ce nu trebuie să tolerezi in relatii ?

1. InfidelitateA. Nu accept și nu tolerez infidelitatea într-o relație. Consider că încrederea este fundamentul unei relații sănătoase și dacă un partener alege să înșele, înseamnă că nu respectă sau valorează relația.

2. Abuzul emoțional sau fizic: Nu accept și nu tolerez niciun fel de abuz într-o relație. Nimeni nu ar trebui să fie supus unui comportament abuziv, iar eu nu voi tolera niciodată acest tip de comportament într-o relație.

3. Lipsa de comunicare și respect reciproc: Comunicarea deschisă și respectul reciproc sunt esențiale într-o relație sănătoasă. Nu accepta lipsa de comunicare sau lipsa de respect din partea partenerului și încerca întotdeauna să rezolvi orice neînțelegere sau conflict prin comunicare deschisă și onestă.

4. Egoismul și lipsa de sprijin: Într-o relație, trebuie să existe un echilibru între a da și a primi sprijin. Nu voi accepta atitudinea egoistă a unui partener sau lipsa de sprijin în momentele dificile. Consider că într-o relație ar trebui să ne susținem reciproc și să fim acolo unul pentru celălalt în orice moment.

5. Lipsa de loialitate și sinceritate. Loialitatea și sinceritatea sunt aspecte de bază într-o relație sănătoasă. Nu accepta minciunile sau trădările din partea partenerului și căuta întotdeauna transparență și integritate în comunicare.

Stabilirea valorilor și priorităților în relație este crucială pentru menținerea unei comunicări sănătoase și a unei conexiuni puternice între parteneri. Atunci când valorile și prioritățile ambilor parteneri sunt aliniate, relația poate înflori și poate fi mai ușor de gestionat în timpul dificultăților.

Pentru a stabili aceste valori și priorități, este important să aveți discuții deschise și sincere despre ceea ce este important pentru fiecare dintre voi în relație. Începeți prin a vă exprima valorile personale și ceea ce vă face fericiți. Apoi încercați să găsiți un teren comun în care să vă aliniați valorile și să stabiliți prioritățile comune în relație.

Este de asemenea esențial să găsiți un echilibru între nevoile și dorințele individuale ale fiecărui partener și să găsiți modalități de a le integra în relație. Un aspect important al stabilirii valorilor și priorităților în relație este să fiți deschiși să ascultați și să înțelegeți punctul de vedere al celuilalt și să găsiți soluții care să fie satisfăcătoare pentru ambele părți.

În plus, este important să reevaluați valorile și prioritățile în relație pe măsură ce trece timpul și să aveți discuții regulate despre cum puteți menține o conexiune puternică și cum puteți să vă susțineți reciproc în atingerea obiectivelor individuale și comune.

Stabilirea valorilor în relație este un proces important și continuu care implică comunicare deschisă și sinceră între parteneri. Este crucial să aveți o discuție despre ceea ce este important pentru fiecare dintre voi și să stabiliți cum să vă susțineți reciproc în atingerea acestor valori.

Este important să fiți deschiși la compromisuri și să fiți dispuși să vă adaptați pentru a găsi un echilibru între nevoile ambilor parteneri. Respectul reciproc este esențial în stabilirea valorilor în relație, iar ascultarea activă și empatia sunt abilități importante pentru a vă înțelege unul pe celălalt în profunzime.

De asemenea, este important să vă aliniați prioritățile și să stabiliți obiective comune pentru a vă ajuta să vă mențineți pe aceeași lungime de undă. Comunicarea deschisă și sinceră va consolida legătura dintre voi și vă va ajuta să navigați împreună prin dificultățile care pot apărea într-o relație.

Stabilirea valorilor în relație este un proces în continuă evoluție și este important să fiți deschiși la schimbare și la adaptare pentru a vă asigura că amândoi sunteți împliniți și fericiți în această relație.

Stabilirea valorilor într-o relație este esențială pentru menținerea unei relații sănătoase și armonioase. Comunicarea și respectul reciproc sunt cheia pentru ca aceste valori să fie stabilite și respectate de ambele părți.

Un exemplu de stabilire a valorilor în relație ar putea fi comunicarea deschisă și sinceră. Amândoi partenerii ar putea decide să își expună sincer gândurile, sentimentele și temerile, fără teama de a fi judecați sau criticați. Prin comunicarea deschisă, ambii parteneri își pot exprima nevoile și așteptările, ceea ce poate contribui la o mai bună înțelegere între ei.

Un alt exemplu ar putea fi respectul reciproc. Amândoi partenerii ar putea decide să se trateze cu respect și să-și acorde sprijinul reciproc în momentele dificile. Acest lucru poate ajuta la construirea unei relații bazate pe încredere și suport emoțional.

Stabilirea valorilor în relație este crucială pentru construirea unei relații sănătoase și de durată.
Prin comunicare deschisă, respect reciproc și luarea în considerare a nevoilor și așteptărilor fiecărui partener, se poate stabili o fundație solidă pentru o relație fericită și împlinitoare.

Stabilirea valorilor în relație este crucială pentru menținerea unei conexiuni sănătoase și durabile între parteneri. Atunci când valorile ambelor persoane sunt aliniate și respectate, relația poate prospera și evolua într-o direcție pozitivă. Iată câteva exemple de moduri în care se poate stabili și menține valorile într-o relație:

1. Comunicare deschisă și sinceră: Este important să aveți conversații deschise despre valorile voastre, să vă ascultați reciproc și să fiți sinceri în privința a ceea ce este important pentru fiecare dintre voi. De exemplu, dacă pentru unul dintre parteneri familia este o valoare de top, iar pentru celălalt este cariera, este important să discutați despre cum puteți găsi un echilibru între cele două.

2. Respect reciproc: Respectul față de valorile și principiile fiecărui partener este esențial pentru o relație sănătoasă. De exemplu, dacă unul dintre parteneri valorizează sinceritatea și transparența, celălalt ar trebui să evite să mintă sau să ascundă lucruri importante.

3. Susținere și încurajare: Partenerii ar trebui să se susțină reciproc în îndeplinirea scopurilor și a valorilor personale. De exemplu, dacă unul dintre voi își propune să își deschidă propria afacere, celălalt ar trebui să îl încurajeze și să îl sprijine în acest demers.

4. Compromis și negociere: Este important să fii dispus să faci compromisuri și să negociezi pentru a găsi un echilibru între valorile voastre. De exemplu, dacă unul dintre voi prioritiează călătoriile în timpul liber, iar celălalt preferă să economisească bani pentru viitor, puteți găsi soluții care să satisfacă ambele nevoi.

5. Aprecierea și recunoștința: Nu uitați să vă arătați aprecierea reciprocă pentru valoarea pe care o aduceți în relație. Fie că este vorba despre sprijinul în momente dificile sau despre mici gesturi de iubire și recunoștință, este important să vă amintiți cât de valoroasă este relația voastră.

Stabilirea și menținerea valorilor în relație necesită un efort constant din partea ambilor parteneri, dar este esențială pentru construirea unei relații sănătoase și fericite.

"Nu lăsa pe nimeni să-ți stabilească criteriile și valorile tale. Fii stăpân pe propria ta viață și alege cu înțelepciune ce este important pentru tine." - Epictet

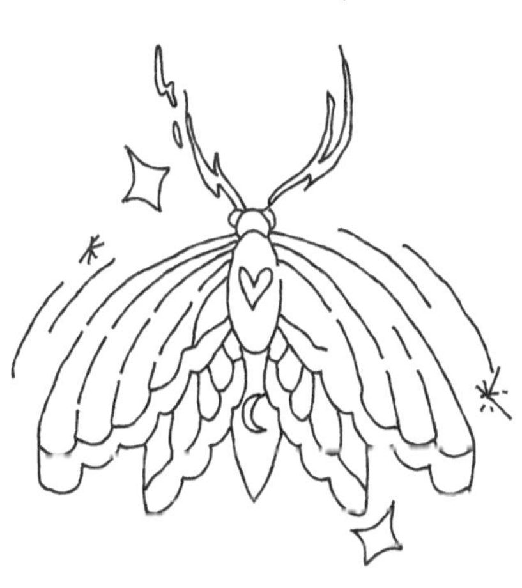

Capitolul 3: Deschide-ți inima și mintea.

- Fii deschis la noi experiențe și oportunități.
- Fii dispus să îți schimbi percepțiile și părerile.

O inimă deschisă este ca o carte cu paginile întoarse spre soare, gata să fie citită de oricine își dorește să înțeleagă adevărul din interiorul ei. Este un loc al compasiunii și al empatiei, unde sentimentele negre sunt transformate în lumină și iubire. O inimă deschisă este întotdeauna receptivă la bucurie, tristețe, iubire și suferință, fiind pregătită să ofere și să primească sprijin de la cei din jur. Este un loc al sincerității și al vulnerabilității, unde adevărul este întotdeauna prețuit și prețios. O inimă deschisă este un loc sacru, unde fiecare întâlnire devine o oportunitate de a învăța, de a crește și de a iubi mai profund.

O inimă deschisă este una care este dispusă să primească și să ofere iubire, empatie, înțelegere și conexiune cu ceilalți. Este o inimă care nu judecă și nu are prejudecăți, ci este deschisă la noi idei și experiențe.

O inimă deschisă poate fi exemplificată prin felul în care interacționăm cu cei din jurul nostru. Ne arătăm vulnerabilitatea și autenticitatea, îi ascultăm cu atenție pe ceilalți și le oferim sprijin când au nevoie. Aceasta poate fi exemplificată prin gesturi simple, cum ar fi încurajarea cuvintelor sau îmbrățișările călduroase.

De asemenea, o inimă deschisă este dispusă să ierte și să meargă mai departe, în loc să rămână blocată în răni și resentimente. Este capabilă să-și exprime recunoștința și să aprecieze lucrurile bune din viața sa, fără a se concentra excesiv pe negativ.

O inimă deschisă este una care se hrănește din conexiunile și relațiile autentice pe care le are cu ceilalți. Se bucură de bucuriile și suferințele celorlalți, înțelegând că suntem toți conectați și că putem crește și evolua împreună prin aceste conexiuni sincere.

Exemple de cum să îți deschizi inima ar include:

- Ascultarea activă a celor din jur fără să judeci sau să încerci să rezolvi problemele lor. Doar fiind prezent în moment și ascultând cu atenție poți arăta că îți pasă cu adevărat de cei din jur.

- Practicarea compasiunii și a înțelegerii față de cei care trec printr-o perioadă dificilă. Un gest mic de speranță sau încurajare poate face o mare diferență pentru cineva care se simte singur sau supărat.

- Fiind vulnerabil și sincer cu cei din jur. A-ți deschide inima înseamnă să fii autentic și să împărtășești sentimentele tale fără teamă de a fi judecat sau respins.

- Exprimând recunoștință și apreciere față de cei din jur. Un simplu "mulțumesc" sau un gest de recunoaștere a eforturilor cuiva poate demonstra că îți pasă și că îți este recunoscător pentru prezența sau ajutorul său.

- Încheind conflictele sau tensiunile cu iubire și înțelegere. În loc să rămâi blocat în orgoliile sau nemulțumirile tale, încearcă să asculți, să ierți și să repari relațiile deteriorate cu sinceritate și iubire.

Prin practicarea acestor aspecte ale unei inimi deschise, poți crea conexiuni mai profunde cu cei din jur și poți învăța să trăiești în armonie cu lumea din jurul tău.

Deschiderea minții reprezintă un proces continuu de explorare, învățare și adaptare la diferite situații și provocări. Este o abordare mentală care presupune deschiderea către idei, perspective noi și soluții inovatoare.

Atunci când îți deschizi mintea, ești dispus să analizezi informațiile cu obiectivitate, să îți pui întrebări critice și să explorezi diferite puncte de vedere. Este important să fii deschis la schimbare și să fii dispus să îți îmbunătățești gândirea și percepțiile.

Deschiderea minții te poate ajuta să fii mai creativ, să iei decizii mai bune și să îți dezvolți abilitățile de comunicare și înțelegere.

Fii curios, explorează subiectele care te interesează și fii deschis la ideile altora. Acest mod de gândire te poate ghida către o viață mai bogată și mai satisfăcătoare.

Deschiderea minții este un proces care presupune să fii deschis către noi idei, perspective și cunoștințe. Este important să fim receptivi și flexibili în gândire pentru a putea învăța și evolua continuu.

De asemenea, citirea cărților și informarea din surse diverse te poate ajuta să îți dezvolți gândirea critică și să îți deschizi mintea către noi idei și concepte.

Un alt mod de a-ți deschide mintea este să explorezi noi activități sau hobby-uri, să călătorești sau să îți setezi obiective noi în viață. Aceste experiențe te pot expune la noi idei și te pot ajuta să te dezvolți atât personal, cât și profesional.

Deschiderea minții este un proces continuu, care necesită efort și dedicare, dar care poate aduce beneficii imense în dezvoltarea personală și în relațiile cu ceilalți.

Deschiderea minții înseamnă să îți deschizi perspectiva asupra lumii, să fii deschis la idei noi și să explorezi diverse posibilități. Acest lucru implică să renunți la prejudecăți și să îți exersezi gândirea critică pentru a putea înțelege mai bine lucrurile din jurul tău.

De exemplu, să fii deschis la ideea că oamenii din culturi diferite pot avea valori sau obiceiuri diferite față de ale tale. Dacă îți deschizi mintea, vei fi dispus să îi asculți și să îi înțelegi pe acești oameni și să îți îmbogățești astfel perspectiva asupra lumii.

Să îți deschizi mintea implică, de asemenea, să îți pui întrebări critice și să îți îndoi propriile convingeri pentru a putea să înveți și să crești.

De exemplu, să fii deschis la ideea că ceea ce știai despre un anumit subiect ar putea fi incorect sau incomplet și să îți dorești să afli mai multe informații pentru a-ți completa cunoștințele.

Deschiderea minții presupune să fii curios, să nu te lași influențat ușor de ceea ce crezi că știi sau de convingerile tale și să îți dorești să înveți în mod continuu pentru a te dezvolta personal și profesional.

- Deschide-ți inima și mintea.
- Lasă-te purtat de valul emoțiilor și gândurilor tale. Explorează adâncurile ființei tale și fii sincer cu tine însuți.
- Ascultă-ți intuiția și urmează-ți pasiunile.
- Fii deschis la schimbare și la noi perspective.
- Iubește cu toată ființa ta și fii recunoscător pentru fiecare clipă trăită.
- Lasă-te purtat de căldura inimii tale și claritatea minții tale.
- Fii autentic și trăiește în acord cu valorile tale.

Deschide-ți inima și mintea și vei descoperi un univers întreg ce așteaptă să fie explorat.

Deschiderea inimii și minții înseamnă să fii sincer cu tine însuți și să fii dispus să explorezi noi perspective și idei. Acest lucru implică înțelegerea și acceptarea propriilor emoții și gânduri, dar și recunoașterea și acceptarea altor puncte de vedere.

De exemplu, să îți deschizi inima și mintea înseamnă să îți recunoști propriile temeri și să explorezi de ce anume te temi. Poate ai teamă de eșec sau de respingere și este important să conștientizezi aceste aspecte și să lucrezi pentru a le depăși.

Poți să încerci să privești o problemă sau o situație din punctul de vedere al unei alte persoane și să încerci să înțelegi motivele și sentimentele lor.

Va propun 10 exercitii practice pentru a-ți deschide inima si mintea.

1. Meditație sau respirație conștientă: Stai într-o poziție confortabilă, închide ochii și concentrează-te pe respirația ta. Respiră adânc și simte aerul cum intra și iese din plămâni. Această practică te va ajuta să-ți eliberezi mintea de gânduri și să te conectezi cu inima ta.

2. Scrierea jurnalului: Începe un jurnal în care să-ți exprimi gândurile, emoțiile și sentimentele. Fii sincer cu tine însuți și lasă cuvintele să curgă liber. Această practică te va ajuta să-ți eliberezi inima de emoțiile reținute și să-ți clarifici gândurile.

3. Grădinațul sau lucrul manual: Petrece timp în natură sau lucrează manual (ex. pictură, sculptură, tricotaj). Aceste activități te vor ajuta să-ți eliberezi mintea de gândurile agitate și să te concentrezi pe prezent.

4. Practica recunoștinței: Fiecare zi, notează într-un caiet trei lucruri pentru care ești recunoscător. Această practică te va ajuta să-ți deschizi inima către iubire și recunoștință.

5. Practica iertării: Reflectează asupra persoanelor sau situațiilor care te-au rănit și încearcă să le ierți. Nu trebuie să te împaci cu ele, ci doar să-ți eliberezi inima de resentimente.

6. Practica compasiunii: Fă un act de bunătate sau ajutoră pe cineva în nevoie. Această practică te va ajuta să-ți deschizi inima către empatie și compasiune.

7. Practica mindfulness: Fii conștient de prezentul și de fiecare acțiune pe care o faci. Mănâncă conștient, spală vasele conștient, plimbă-te conștient. Această practică te va ajuta să-ți eliberezi mintea de gânduri și să trăiești în prezent.

8. Practica râsului: Vizionează un film de comedie sau petrece timp cu prietenii veseli. Râsul te va elibera de stres, te va relaxa și te va ajuta să-ți deschizi inima către bucurie.

9. Practica dansului sau yoga: Mișcarea corporală te va ajuta să-ți eliberezi mintea de gânduri și să te conectezi cu trupul tău. Dansul sau yoga te vor ajuta să-ți deschizi inima către flexibilitate și echilibru.

10. Practica recitării de afirmatii pozitive: Ia o listă de afirmatii pozitive și recită-le în fiecare dimineață. Aceasta te va ajuta să-ți încurajezi gândurile și să-ți deschizi inima către încredere și iubire de sine.

"Deschide inima ta către iubire și mintea ta către înțelepciune, astfel vei descoperi adevărata frumusețe a vieții." - Confucius

Capitolul 4: Identifică și atrage-ți sufletul pereche.

- Înțelege-ți preferințele și interesele pentru a găsi pe cineva compatibil.
- Fii deschis să cunoști oameni noi și să explorezi relații.

Identificarea sufletului pereche este un concept despre care se vorbeste adesea in lumea spirituala si romantica. Ideea este ca fiecare persoana are un partener destinat, o persoana care se potriveste perfect cu ele la nivel emotional, mental si spiritual.

Identificarea sufletului pereche poate fi o experienta profunda si transformatoare, dar nu exista un set de reguli sau tehnici specifice pentru gasirea ei. Unele persoane cred ca o intalnire cu sufletul pereche se simte ca o conexiune instantanee si puternica, o simtire de deja-vu sau o recunoastere asemanatoare.

Alte persoane cred ca gasirea sufletului pereche implica o calatorie spirituala si emotiva in care fiecare persoana invata si creste impreuna cu partenerul lor destinat. Poate fi o experienta de a primi sprijin, de a se simti complete si de a evolua impreuna pe parcursul vietii.

Este important sa retinem ca nu exista o definitie unica a sufletului pereche si ca fiecare persoana poate avea o experienta unica in gasirea si conectarea cu partenerul lor destinat.

Ceea ce conteaza cu adevarat este sa fim deschisi si receptivi la aceasta conexiune speciala si sa ne lasam ghidati de inima in cautarea acelei persoane care ne completeaza si ne aduce fericire autentica.

Identificarea sufletului pereche este adesea descrisă ca o conexiune profundă și spirituală între două persoane care se simt complet înțelese, acceptate și îmbogățite de prezența celuilalt. Există diverse semne și indicii care pot ajuta la identificarea sufletului pereche, cum ar fi:

1. O conexiune instantanee și intensă: Odată ce te întâlnești cu sufletul tău pereche, poți simți o conexiune puternică și profundă, care nu poate fi explicată rational.

2. O simțire de familiaritate: Îți poți simți sufletul pereche ca și cum l-ai fi cunoscut deja de o viață întreagă, ca și cum ar face parte din familia ta.

3. Empatie și înțelegere profundă: Sufletul tău pereche te înțelege și te acceptă așa cum ești, fără a te judeca sau critica.

4. Aveți valori și interese similare: Sufletul tău pereche împărtășește valorile tale fundamentale și are interese și pasiuni comune.

5. O relație echilibrată și sănătoasă: Relația cu sufletul tău pereche este una care aduce echilibru, armonie și sprijin reciproc.

Este important să rețineți că identificarea sufletului pereche nu este o știință exactă și că fiecare experiență este unică. Este posibil să întâlniți mai mulți oameni cu care aveți o conexiune puternică, dar este important să urmați intuiția și inima în alegerea celui care vă completează cel mai bine.

Atragerea sufletului pereche poate fi un proces complex și misterios, care uneori poate dura o viață întreagă sau poate să se întâmple într-un moment aparent magic. Acest lucru se datorează faptului că sufletul pereche este considerat a fi o reflectare a propriei noastre ființe, o pereche energetică perfectă pentru noi.

Pentru a atrage sufletul pereche în viața noastră, este important să fim deschiși și receptivi la această conexiune profundă. O modalitate de a face acest lucru este să ne cunoaștem în profunzime și să fim sinceri cu noi înșine în privința a ceea ce ne dorim cu adevărat de la o relație.

De asemenea, este esențial să rămânem deschiși la schimbare și la creștere personală, deoarece doar atunci când suntem pregătiți să ne transformăm și să evoluăm putem atrage sufletul pereche în viața noastră.

Meditația și vizualizarea pot fi instrumente puternice în atragerea sufletului pereche, deoarece ne ajută să ne concentrăm intenționat asupra a ceea ce ne dorim și să ne conectăm la energia și vibrațiile acelei persoane speciale.

În cele din urmă, atunci când în sfârșit întâlnim sufletul nostru pereche, este important să ne deschidem inimile și să fim pregătiți să ne aruncăm în această conexiune profundă și autentică. A fi vulnerabil și deschis la iubire ne poate aduce cel mai mare fericire și împlinire în viață.

Atragerea sufletului pereche este un subiect care a fascinat oamenii de-a lungul timpului. Mulți oameni cred că există pe lumea aceasta o persoană specială care le este destinată și cu care sunt meniți să fie împreună pentru totdeauna. Deși există multe modalități diferite de a atrage sufletul pereche, iată câteva exemple care pot ajuta în această căutare:

- Autocunoașterea: Pentru a-ți atrage sufletul pereche, este important să te cunoști pe tine însuți și să-ți accepti atât punctele forte, cât și pe cele slabe. Atunci când ești în armonie cu tine însuți, vei emana o energie pozitivă care va atrage către tine persoane compatibile.

- Manifestarea dorințelor: O modalitate eficientă de a-ți atrage sufletul pereche este să îți exprimi clar dorințele și intențiile. Poți folosi diferite tehnici de vizualizare sau afirmare pentru a-ți manifesta aceste dorințe și pentru a atrage ceea ce îți dorești.

- Lucrul la tine: Pentru a atrage în viața ta o persoană potrivită, este important să lucrezi la propria ta dezvoltare personală. Fii deschis la experiențe noi, îmbunătățește-ți abilitățile de comunicare și învață să fii vulnerabil în fața celorlalți.

- Încrederea: Una dintre cele mai importante aspecte în atragerea sufletului pereche este încrederea în propria ta valoare și în capacitatea ta de a iubi și de a fi iubit. Odată ce ai încredere în tine însuți, vei putea atrage către tine o persoană care îți va completa viața.

Atragerea sufletului pereche este un proces complex și profund personal, care implică autocunoaștere, manifestare a dorințelor și lucru constant la propria dezvoltare personală. Prin încredere și deschidere către experiențe noi, poți atrage spre tine persoana care îți este destinată și cu care vei forma o conexiune profundă și durabilă.

Pentru a găsi pe cineva compatibil cu tine, este important să îți înțelegi preferințele și interesele. Acest lucru înseamnă să fii sincer cu tine însuți și să identifici ce anume te atrage și te face fericit. Poți începe prin a-ți face o listă cu lucrurile care te definesc ca persoană, cum ar fi hobby-urile tale, valorile tale, sau ceea ce îți place sau nu îți place într-o relație.

Este important să fii deschis la noi experiențe și să încerci lucruri noi pentru a descoperi mai bine ce îți place și ce nu.

Odată ce îți cunoști preferințele și interesele, poți începe căutarea unei persoane compatibile. Poți folosi site-uri de dating sau aplicații care îți permit să filtrezi potențiali parteneri în funcție de criteriile tale.
De asemenea, poți întâlni oameni noi prin participarea la evenimente sau activități care îți plac și care îți oferă șansa de a cunoaște persoane cu interese similare.

Este important să nu renunți la cautare și să fii deschis la posibilitatea de a întâlni pe cineva care să îți împărtășească valorile și interesele. Comunicarea deschisă și sinceră este cheia unei relații sănătoase și armonioase, așa că nu ezita să îți exprimi cu claritate ceea ce îți dorești de la o relație și să asculți nevoile și dorințele partenerului tau.

Înțelegerea preferințelor este extrem de importantă atunci când încerci să găsești pe cineva compatibil într-o relație. Preferințele pot include tot felul de aspecte, cum ar fi valorile personale, interesele, pasiunile, obiectivele de viață sau chiar preferințele în ceea ce privește activitățile de zi cu zi.

Atunci când îți cunoști propriile preferințe și înțelegi ce anume îți aduce bucurie și împlinire într-o relație, ai mai multe șanse să găsești pe cineva compatibil. De exemplu, dacă pentru tine este important ca partenerul să fie o persoană empatică și deschisă la comunicare, va fi mai bine să eviți persoanele care sunt mai rezervate sau mai puțin interesate de exprimarea emoțiilor.

De asemenea, compatibilitatea poate fi influențată și de obiectivele de viață. Dacă tu îți dorești să călătorești și să explorezi lumea, dar potențialul partener își dorește o familie și o viață liniștită acasă, s-ar putea să aveți dificultăți în a găsi un echilibru între aceste obiective diferite.

Înțelegerea preferințelor tale și a celor ale potențialului partener este crucială în găsirea cuiva compatibil. Comunicarea deschisă și sinceră în legătură cu ceea ce îți dorești și ceea ce cauți într-o relație este esențială pentru a construi o relație sănătoasă și împlinitoare.

Atunci când căutăm pe cineva compatibil cu noi, este important să înțelegem și să ne cunoaștem propria persoană și preferințele noastre. Acest lucru ne va ajuta să găsim pe cineva care împărtășește valorile și interesele noastre, ceea ce va facilita construirea unei relații sănătoase și fericite.

De exemplu, dacă suntem o persoană activă și iubim sportul, este posibil să ne dorim un partener care să fie și el pasionat de activități fizice și să ne însoțească în plimbări sau în sesiuni de antrenamente. Dacă suntem o persoană artistică și apreciem arta și cultura, ar fi de asemenea benefic să căutăm pe cineva care împărtășește aceeași pasiune și poate merge împreună cu noi la expoziții de artă sau la teatru.

În plus, este important să căutăm pe cineva cu valori și principii similare cu ale noastre.
De exemplu, dacă ne dorim o relație serioasă și stabilă, ar fi benefic să căutăm pe cineva care are aceleași intenții și nu este interesat doar de aventuri de scurtă durată.

Pentru a găsi pe cineva compatibil, este esențial să ne cunoaștem și să înțelegem propriile preferințe și să căutăm pe cineva care se potrivește cu acestea. Astfel, șansele de a construi o relație sănătoasă și fericită vor fi mult mai mari.

Pentru a găsi pe cineva compatibil, este foarte important să înțelegi interesele și valorile persoanei respective. Astfel, poți să identifici punctele în comun și să creezi o conexiune specială. Interesele pot fi diverse, cum ar fi hobby-uri, pasiuni, obiective profesionale sau chiar valori și credințe personale.

Prin înțelegerea intereselor celuilalt, poți să ai discuții mai profunde și să te simți conectat cu acea persoană. De asemenea, poți să împărtășești activități și pasiuni comune, ceea ce poate întări legătura dintre voi.

Este important să fii deschis și empatic în relația cu persoana respectivă și să încerci să te implici în universul său de interese pentru a construi o relație puternică și armonioasă. Astfel, vei avea mai multe șanse să găsești pe cineva compatibil cu tine și să împărtășești experiențe minunate împreună.

Una dintre cele mai importante lucruri într-o relație este să ai interese comune sau să fie compatibile interesele fiecăruia.

De exemplu, dacă tu ești o persoană pasionată de călătorii și aventuri, ai fi mai fericit alături de cineva care îi place să exploreze locuri noi și să trăiască experiențe noi. Un alt exemplu ar fi dacă ești o persoană care iubește sportul și activitățile în aer liber, ai fi mai fericit alături de cineva care îți împărtășește această pasiune și vă puteți bucura împreună de activități sportive sau călătorii în natură.

Acceptarea de a cunoaște oameni noi poate fi un lucru minunat și încărcat de oportunități și aventuri. Atunci când ești deschis să cunoști oameni noi, îți poți largi cercul social, poți învăța lucruri noi despre alte culturi sau experiențe de viață și poți stabili conexiuni pozitive care să te îmbogățească pe plan personal și profesional.

Este important să fii deschis și receptiv atunci când întâlnești oameni noi, să îi asculți cu atenție și să îți păstrezi mintea și inima deschise. Nu știi niciodată ce poți învăța sau cât de mult poți crește prin interacțiunea cu ceilalți.

Cunoașterea oamenilor noi poate să îți aducă noi prieteni, colegi, parteneri de afaceri sau chiar sufletul pereche. Este important să fii deschis la schimbare și să îți depășești temerile și prejudecățile pentru a putea experimenta bogăția relațiilor umane și a diversității umane.

Este important să fim deschiși și receptivi la experiențe noi și să oferim unora șansa de a ne influența pozitiv viața.

De exemplu, într-un eveniment de networking, poți întâlni oameni din diferite domenii sau culturi care îți pot oferi noi perspective și idei. Poți să înveți de la ei și să împărtășești propria experiență, stabilind astfel noi relații profesionale sau personale care să te ajute să evoluezi.

Un alt exemplu ar fi să te implici într-un proiect de voluntariat sau să participi la evenimente comunitare. Acolo poți întâlni oameni cu aceleași interese și pasiuni ca ale tale, iar împreună puteți face schimb de idei, colabora și să contribuiți la îmbunătățirea comunității.

Acceptarea de a cunoaște oameni noi te poate ajuta să îți dezvolți abilitățile sociale, să îți mărești rețeaua de cunoștințe și să experimentezi lucruri noi care să te îmbogățească din punct de vedere personal și profesional.
Explorarea relațiilor este o experiență complexă și fascinantă, care poate aduce atât bucurie și împlinire, cât și provocări și dezamăgiri.

Atunci când decizi să explorezi relațiile, este important să fii deschis la noi conexiuni și să nu te limitezi la tipare sau standarde preconcepute. Fiecare relație este unică și are ceva special de oferit, iar explorând aceste diferite dinamici poți învăța multe despre tine însuți și despre ceilalți.

Poate fi înfricoșător să te expui vulnerabilității și să te implici emoțional într-o relație, dar această vulnerabilitate este și ceea ce face legătura cu celălalt atât de valoroasă și autentică. Este important să îți asumi riscurile și să fii dispus să îți deschizi inima pentru a experimenta toate aspectele unei relații pe deplin.

Pe măsură ce explorezi relațiile, este important să fii sincer cu tine însuți și cu celălalt, să comunici deschis și să fii deschis la a accepta și a înțelege nevoile și dorințele celuilalt. Construirea unei relații sănătoase și autentice implică un proces continuu de descoperire și creștere, dar cu experiență și răbdare poți descoperi bucuria și frumusețea unei relații autentice și autentice

Să explorezi relațiile înseamnă să fii dispus să te implici și să investești timp și energie în relațiile tale, să îți cultivi conexiunile cu cei din jurul tău și să îți pui la încercare limitele pentru a crește și a evolua pe plan personal și relațional.

Așadar, acceptarea să explorezi relațiile înseamnă să fii curajos și deschis la schimbare, să îți asumi riscuri și să fii pregătit să înveți din fiecare interacțiune. Este un proces care poate fi uneori dificil, dar care poate fi extrem de

"Nu trebuie să cauți în exterior sufletul tău
pereche, ci în interior.
Atrage-l către tine prin fiind tu însuți,
autentic și deschis la iubire." - Confucius

Capitolul 5: Comunicare și empatie în relație

- Învață să comunici eficient și să fii empatic cu partenerul tău.
- Ascultă și încurajează-i pe cei dragi să îți împărtășească gândurile și sentimentele.

Comunicarea este un aspect extrem de important în relațiile interpersonale. Ea joacă un rol crucial în stabilirea și menținerea legăturilor dintre oameni, în soluționarea conflictelor și în construirea unei conexiuni autentice între indivizi.

Comunicarea eficientă în relații implică capacitatea de a asculta cu atenție, de a exprima nevoile și sentimentele proprii în mod clar și deschis, de a-ți exprima recunoștința și aprecierea față de celălalt și de a găsi soluții împreună pentru problemele care pot apărea.

Este important să fim conștienți de modul în care comunicăm în relații, de tonul vocii noastre, de limbajul non-verbal pe care îl folosim și de impactul cuvintelor noastre asupra celorlalți. Comunicarea presupune și empatie, capacitatea de a înțelege și de a simți ceea ce simte celălalt, de a fi prezenți și de a valida experiențele și emoțiile celuilalt.

O comunicare sănătoasă în relații presupune și capacitatea de a gestiona conflictul într-un mod constructiv, de a aborda problemele într-un mod deschis și de a căuta soluții împreună. Este important să ne exprimăm nevoile și dorințele noastre într-un mod respectuos și să fim deschiși să ascultăm și să înțelegem punctul de vedere al celuilalt.

Comunicarea este piatra de temelie a relațiilor sănătoase și fericite. Ea are capacitatea de a consolida legăturile dintre oameni, de a rezolva conflicte și de a construi încrederea și intimitatea în relații.
Prin practicarea unei comunicări deschise, respectuoase și empateice, putem crea relații puternice și autentice, în care fiecare individ se simte văzut, ascultat și iubit.
Comunicarea în relații este un aspect extrem de important pentru menținerea unei legături sănătoase și armonioase între două sau mai multe persoane. Este esențial să ne exprimăm sentimentele, gândurile și nevoile într-un mod deschis și sincer pentru a evita eventualele conflicte sau neînțelegeri.

Un exemplu clar de comunicare eficientă într-o relație este atunci când doi parteneri discută despre lucrurile care îi deranjează fără să devină critici sau agresivi. În loc să reproșeze sau să tachineze, aceștia își spun reciproc cum se simt și își exprimă dorințele și așteptările.

Comunicarea non-verbală este la fel de importantă ca și cea verbală în relații. Gesturile, mimica feței și tonul vocii pot transmite multe informații și sentimente fără a fi spuse cuvinte.

De exemplu, o persoană care își ridică sprâncenele sau își încrucișează brațele poate exprima scepticism sau nemulțumire, chiar dacă spune că este în regulă.

Ascultarea activă este un alt aspect crucial al comunicării în relații. Este important să îi lăsăm pe cei dragi să își exprime gândurile și sentimentele fără a-i întrerupe sau a-i judeca. Prin ascutlarea cu atenție și empatie, putem înțelege mai bine punctele de vedere ale celorlalți și să ne consolidăm legătura cu ei.

Comunicarea în relații este cheia pentru o legătură sănătoasă și fericită. Prin exprimarea sinceră a sentimentelor, ascultarea activă și respectul reciproc, putem construi și întreține relații solide și armonioase cu cei dragi.

Comunicarea este un aspect esențial în orice relație, fie ea de cuplu, de familie, de prietenie sau de muncă. O comunicare eficientă poate întări legăturile dintre oameni și poate rezolva problemele în mod constructiv.
Pentru a avea o comunicare sănătoasă în relații, este important să fim atenți la modalitatea în care ne exprimăm și ascultăm celălalt.
Iată câteva strategii eficiente pentru a comunica mai bine într-o relație:

1. Comunicarea deschisă și sinceră într-o relație este extrem de importantă pentru a evita conflictele și pentru a construi o legătură puternică între parteneri. De exemplu, în loc să îți ții nemulțumirile pentru tine, vorbește deschis despre ele cu partenerul tău și găsiți împreună soluții pentru a îmbunătăți situația.

2. Ascultarea activă este o altă componentă esențială a unei comunicări eficiente într-o relație. Atunci când partenerul tău îți vorbește, arată-i că ești atent la ceea ce spune și încearcă să intelegi punctul său de vedere. De exemplu, poți repeta ceea ce a spus partenerul tău pentru a-i arăta că îl asculți cu atenție.

3. Exprimarea aprecierii și recunoașterea eforturilor partenerului tău sunt modalități eficiente de a întări legătura emoțională dintre voi.
De exemplu, arată-ți recunoștința atunci când partenerul tău face ceva special pentru tine sau când se implică activ în rezolvarea unei probleme comune.

4. Evitarea judecăților și criticii excesive în comunicare poate contribui la menținerea unei atmosfere pozitive în relație.
De exemplu, în loc să îi reproșezi partenerului tău greșelile pe care le-a făcut, exprimă-ți nemulțumirile într-un mod constructiv și non-judecător.

5. Comunicarea non-verbală, precum contactul vizual, gesturile de îmbrățișare sau zâmbetul, poate fi la fel de importantă în comunicarea într-o relație.

De exemplu, atunci când îți exprimi afecțiunea față de partenerul tău prin gesturi non-verbale, poți consolida legătura emoțională dintre voi și crea o atmosferă de intimitate și încredere.

Empatia în relații este ingredientul secret care poate face diferența între o legătură superficială și una profundă și autentică. Este capacitatea de a îți pune în locul celuilalt, de a simți și înțelege emoțiile și stările sale, de a fi prezent și empatic în momentele dificile sau de bucurie ale partenerului.

Atunci când practicăm empatia în relații, ne arătăm deschiderea și disponibilitatea de a ne conecta cu celălalt la un nivel mai profund. Ne dăm voie să fim vulcanici și vulnerabili în fața celuilalt, să ne exprimăm sentimentele și gândurile fără teama de a fi judecați sau respinși.

Empatia ne ajută să avem o comunicare mai bună în cuplu, să rezolvăm conflictele în mod constructiv, să ne sprijinim reciproc în momentele dificile și să celebrăm împreună succesele și bucuriile. Ea creează un climat de încredere și intimitate care susține sănătatea și longevitatea unei relații.

Practicarea empatiei în relații presupune o atenție și o deschidere în permanentă față de partener. Înseamnă să fim receptivi la nevoile și dorințele celuilalt, să îi respectăm spațiul și autonomia, să ne implicăm activ în crearea unei conexiuni autentice și respectuoase.

Empatia în relații este o cale de a ne descoperi și îmbogăți pe noi înșine prin cunoașterea și întâlnirea cu celălalt. Este o formă profundă de iubire și respect care ne ajută să creștem și să evoluăm în cuplu și în viață.

Empatia în relații este capacitatea de a înțelege și de a simți emoțiile și experiențele celuilalt, punându-te în locul său și având grijă de nevoile și sentimentele sale. Este un element esențial în dezvoltarea și menținerea unei legături sănătoase și fericite.

De exemplu, atunci când partenerul tău este trist din cauza unei probleme la locul de muncă, empatia te va determina să îl asculți cu atenție, să îi oferi sprijin și să încerci să îl consolezi, în loc să îl ignori sau să îl critici. În acest fel, relația voastră va deveni mai puternică și mai apropiată, pentru că partenerul tău se va simți înțeles și apreciat.

Empatia în relații presupune și să ai capacitatea de a te pune în locul partenerului tău în momentele de conflict sau de tensiune. De exemplu, dacă ai o neînțelegere cu persoana iubită, empatia te va ajuta să îți vezi propriile greșeli și să încerci să privești situația și din perspectiva celuilalt, găsind o soluție care să fie satisfăcătoare pentru amândoi.

Empatia în relații este o calitate esențială care promovează înțelegerea reciprocă, comunicarea eficientă și sprijinul emoțional, contribuind la construirea unei conexiuni autentice și durabile între parteneri. Este important să exersezi empatia în relația ta pentru a menține armonia și echilibrul și pentru a crea un mediu pozitiv și de încredere în cuplu.

Comunicarea eficientă și empatică este esențială în relația noastră. Încercăm mereu să ne ascultăm unul pe altul, să ne exprimăm gândurile și sentimentele în mod deschis și sincer. Ne străduim să fim atenți la nevoile și dorințele celuilalt și să comunicăm într-un mod respectuos și înțelegător.

Atunci când avem divergențe sau conflicte, ne străduim să găsim soluții în mod pașnic și cooperativ. Ne asigurăm că ne exprimăm toate emoțiile și nevoile fără a jigni sau răni pe celălalt. Ne asigurăm că ne sprijinim reciproc și că suntem mereu deschiși să ascultăm și să înțelegem perspectiva celuilalt.

În relația noastră, comunicarea este cheia către o conexiune profundă și sănătoasă. Ne străduim să fim mereu sinceri și deschiși unul cu celălalt și să creăm un mediu în care amândoi să ne simțim în siguranță și înțeleși. Aceasta ne ajută să construim o relație solidă și să depășim provocările împreună.

Comunicarea eficientă cu partenerul este esențială pentru menținerea unei relații sănătoase și fericite.

Iată câteva sfaturi pentru a comunica în mod eficient cu partenerul:

1. Fiți deschiși și sinceri: Este important să fiți deschiși și sinceri unul cu celălalt. Vorbiți despre sentimentele voastre, temerile și neliniștile fără teama de a fi judecați sau respinși. Ascultați cu atenție ceea ce spune partenerul și răspundeți într-un mod empatic și înțelegător.

2. Comunicați fără judecată: Evitați să judecați sau să criticați partenerul atunci când aveți o discuție. În loc să folosiți acuzații sau cuvinte dure, exprimați-vă părerile și sentimentele într-un mod constructiv. Folosiți exprimări precum "Mă simt frustrat când..." sau "Aș aprecia dacă am putea discuta despre...".

3. Ramâneți calmi și răbdători: În timpul unei discuții, este important să rămâneți calmi și să vă păstrați răbdarea. Evitați să vă pierdeți controlul sau să spuneți lucruri pe care le-ați putea regreta ulterior. Ascultați cu atenție punctele de vedere ale partenerului și încercați să găsiți soluții în mod pașnic și cooperativ.

4. Folosiți limbajul non-verbal: Comunicarea eficientă nu se limitează doar la cuvinte. Folosiți limbajul non-verbal pentru a vă exprima sentimentele și gândurile.

Gesturile, postura și expresiile faciale pot oferi indicii importante legate de starea de spirit și de sentimentele voastre.

5. Rezolvați conflictele în mod constructiv: Conflictul este inevitabil în orice relație, însă modul în care gestionați aceste conflicte poate face diferența. Încercați să abordați problemele într-un mod constructiv, concentrându-vă pe găsirea soluțiilor și rezolvarea conflictelor într-un mod pașnic și eficient.

6. Ascultare activa: Fiti prezenti si concentrati atunci cand partenerul vorbeste. Ascultati cu atentie si aratati interes fata de ceea ce spune.

7. Exprimati-va clar si direct: Comunicati-va nevoile si dorintele intr-un mod clar si direct. Evitati sa presupuneti ca partenerul va intelege sau va ghici gandurile.

8. Comunicare non-verbala: Luati in considerare limbajul non-verbal atunci cand comunicati cu partenerul. Gesturile, expresiile faciale si tonul vocii pot transmite multe informatii.

9. Comunicare deschisa: Fiti deschisi in a discuta orice subiect, chiar daca acesta este sensibil sau dificil. Aveti incredere in partener si incurajati-l sa-si exprime liber opinia.

10. Rezolvarea conflictelor: Inveti sa gestionati conflictele intr-un mod constructiv si respectuos. Ascultati punctul de vedere al partenerului si incercati sa gasiti solutii care sa satisfaca ambele parti.

11. Recunoasterea emotiilor: Invatati sa recunoasteti si sa va exprimati emotiile intr-un mod sanatos. Comunicati-va sentimentele fara a va pierde controlul sau a critica partenerul.

Comunicarea eficienta cu partenerul este esentiala pentru construirea unei relatii sanatoase si fericite. Investiti timp si efort in dezvoltarea abilitatilor de comunicare pentru a va conecta mai profund cu celalalt si a va sprijini reciproc in parcursul vostru impreuna.

Comunicarea empatică cu partenerul este extrem de importantă într-o relație. Este vorba despre capacitatea de a asculta cu empatie, de a înțelege și de a valida sentimentele și experiențele celuilalt. Comunicarea empatică presupune să acorzi atenție cu adevărat partenerului tău, să fii prezent în conversație și să încerci să vezi situația din perspectiva sa.

Atunci când comunici empatic cu partenerul, încerci să te pui în locul său și să îți imaginezi cum se simte el în situația respectivă. Ascultând activ și fără judecată, îi oferi partenerului tău un spațiu sigur în care să își exprime sentimentele și gândurile.

De asemenea, este important să transmiți empatie prin exprimarea propriilor sentimente și prin oferirea de sprijin și înțelegere. Nu uită să fii sincer și deschis în comunicarea ta și să încerci să fii empatic cu nevoile și dorințele partenerului tău.

Comunicarea empatică cu partenerul poate ajuta la crearea unei conexiuni mai puternice și mai profunde în relația voastră și poate contribui la consolidarea legăturii dintre voi. Este important să acorzi atenție acestui aspect și să încerci să comunici într-un mod empatic cu partenerul tău în fiecare zi.

Comunicarea empatica cu partenerul este o abilitate importantă pentru menținerea unei relații sănătoase și armonioase. Ea implică ascultarea atentă a nevoilor, sentimentelor și preocupările partenerului și exprimarea înțelegerii și empatiei față de acestea.

De exemplu, să presupunem că partenerul tău îți povestește că a avut o zi dificilă la locul de muncă din cauza unui coleg dificil. O abordare empatică ar implica să îi arăți că îți pasă de emoțiile lui prin ascultare activă și validare. Poți spune: "Îmi pare rău că ai trecut prin asta. Înțeleg că a fost o zi grea și aș vrea să fiu aici pentru tine."

De asemenea, comunicarea empatică poate implica punerea în context a nevoilor și dorințelor partenerului în fața propriilor nevoi.

De exemplu, dacă partenerul îți spune că ar dori să petreceți mai mult timp împreună dar tu ești ocupat cu proiectele tale, poți să îi arăți empatie prin găsirea unui compromis care să satisfacă ambele persoane.

Comunicarea empatică cu partenerul implică ascultare activă, validare a sentimentelor și empatie în rezolvarea problemelor. Este important să exprimi în mod deschis și sincer înțelegerea și susținerea față de partener pentru a menține o legătură puternică și sănătoasă.

 Comunicarea deschisă și sinceră este cheia unei relații sănătoase și puternice. Ascultă cu atenție ceea ce au de spus cei dragi și încurajează-i să-ți împărtășească gândurile și sentimentele lor.
Fii deschis și receptiv la ceea ce au de spus și arată-le că îți pasă cu adevărat de ceea ce simt. Prin acest fel de comunicare, veți consolida legăturile voastre și veți fi mai conectați și mai aproape unul de celălalt.

Este important să încurajăm pe cei dragi să își exprime gândurile și sentimentele, deoarece comunicarea deschisă și sinceră este cheia unei relații sănătoase.
Prin încurajare și susținere, putem crea un mediu în care cei dragi se simt în siguranță să își exprime emoțiile, temerile sau dorințele lor.

Este deosebit de important să ascultăm cu atenție și să arătăm empatie față de cei dragi atunci când își împărtășesc gândurile sau sentimentele lor. Nu ar trebui să îi judecăm sau să le negăm emoțiile lor, ci să le oferim un spațiu sigur și suport pentru a se exprima liber.

Prin încurajarea celor dragi să își spună adevărul și să își exprime sentimentele, creăm o conexiune mai profundă și mai autentică între noi. Astfel, putem construi relații mai puternice și mai armonioase, care sunt bazate pe încredere și comunicare deschisă.

Încurajarea celor dragi să îți împărtășească gândurile și sentimentele lor poate aduce beneficii semnificative în relația dintre voi, ajutându-vă să vă cunoașteți mai bine unul pe celălalt și să vă sprijiniți reciproc în momentele dificile.

Este important să încurajăm pe cei dragi să își exprime gândurile și sentimentele pentru a ne îmbunătăți relația și pentru a favoriza o comunicare sinceră și deschisă. Un exemplu în acest sens ar fi să îi cerem partenerului/partenerului nostru să ne spună cum se simte în legătură cu anumite aspecte ale relației noastre, sau să împărtășească cu noi gândurile și temerile sale legate de viitor.

Putem de asemenea să încurajăm copiii sau părinții noștri să își exprime sentimentele față de noi, astfel încât să ne consolidăm legătura, să ne cunoaștem mai bine și să oferim sprijin în momentele dificile.

De exemplu, putem să le cerem copiilor noștri să ne spună cum se simt în legătură cu școala sau cu relațiile sociale, iar părinții noștri să ne împărtășească anumite frământări sau temeri legate de sănătate sau de viitorul familiei.

Prin această deschidere și sinceritate putem crea legături mai puternice și mai autentice cu cei din jurul nostru.

Ascultarea celor dragi este esențială pentru menținerea unei relații sănătoase și harmonioase. Atunci când le oferi oportunitatea să-și exprime gândurile și sentimentele, le arăți că le respecți și îți pasă de ceea ce au de spus. În plus, deschiderea către comunicare și ascultare poate consolida legătura dintre voi și poate rezolva eventuale neînțelegeri sau conflicte.

Să asculți pe cei dragi îți poate aduce multe beneficii. De exemplu, poți să înțelegi mai bine perspectivele lor asupra unei situații sau probleme, să îi ajuți să se descarce atunci când au nevoie de suport emoțional sau să le oferi sfaturi sau soluții în momentele de dificultate. Ascultarea activă și empatică poate contribui la consolidarea relației și la îmbunătățirea comunicării dintre voi.

De asemenea, ascultarea celor dragi îți poate oferi o perspectivă diferită asupra anumitor aspecte sau situații, ceea ce îți poate îmbogăți propria gândire și experiență de viață. În plus, să fii deschis la ascultarea celorlalți îți poate dezvolta abilitățile de empatie și de comunicare, lucru care poate avea un impact pozitiv și în alte relații interpersonale.

Ascultarea celor dragi este un gest de iubire, respect și susținere care poate întări legătura dintre voi și poate contribui la dezvoltarea unei relații sănătoase și armonioase pe termen lung. Nu ezita să le acorzi timp și atenție celor dragi și să le oferi posibilitatea să își împărtășească gândurile și sentimentele, deoarece acest lucru poate avea un impact pozitiv asupra relației voastre și a bunăstării fiecărui membru al familiei sau grupului de prieteni.

Ascultarea celor dragi și împărtășirea gândurilor și sentimentelor este esențială pentru o relație sănătoasă și puternică.
Aici sunt câteva exemple de situații în care această practică poate fi benefică:

- O discuție sinceră cu partenerul de viață despre problemele sau neliniștile pe care le ai în relație. Ascultarea reciprocă și împărtășirea sentimentelor poate să aplaneze conflictele și să consolideze legătura dintre voi.

- Conversații deschise cu părinții sau membrii familiei despre lucrurile care te preocupă sau te frământă. Ascultarea atentă a părerilor și gândurilor lor poate să te ajute să îți clarifici propriile sentimente și să te simți sprijinit.

- Vorbirea cu prieteni apropiați despre problemele personale sau profesionale. Ascultarea lor și împărtășirea emoțiilor tale îți poate oferi perspectiva lor și sprijinul de care ai nevoie în momentele dificile.

- Participarea la terapie de cuplu sau de familie, unde ascultarea reciprocă și împărtășirea gândurilor și sentimentelor sunt elemente esențiale pentru rezolvarea conflictelor și îmbunătățirea relațiilor.

Ascultarea celor dragi și împărtășirea gândurilor și sentimentelor cu ei poate să aibă un impact pozitiv asupra relațiilor și să contribuie la mai multă înțelegere, empatie și comunicare între voi.

Va propun 10 exercitii practice pentru imbunatatirea comunicarii și empatiei în relație.

1. Exercitiul oglindirii: Alegeți un partener și încercați să vă reflectați reciproc emoțiile și trăirile.
De exemplu, unul dintre voi poate spune "Sunt frustrat pentru că am avut o zi lungă la muncă" iar celălalt poate răspunde "Îmi pare rău că te-ai simțit așa. Înțeleg că a fost o zi grea pentru tine."

2. Exercitiul ascultării active: Alegeți un subiect de discuție și lăsați-vă partenerul să își exprime complet punctul de vedere înainte de a reacționa sau de a oferi sfaturi. Încercați să nu întrerupeți și să nu criticați.

3. Exercitiul empatiei prin povestire: Alegeți câteva întâmplări din propria viață în care ați simțit empatie pentru altcineva și împărtășiți-le cu partenerul. Încercați să vă puneți în locul acelei persoane și să simțiți din nou acele emoții.

4. Exercitiul recunoașterii emoțiilor: Alegeți o listă de emoții și încercați să le recunoașteți și să le exprimați atunci când vă aflați într-o situație tensionată sau conflictuală în relație.
De exemplu, puteți spune "Mă simt frustrat pentru că nu mă simt înțeles".

5. Exercitiul comunicării non-verbale: Practicați exprimarea emoțiilor și trăirilor prin gesturi și expresii faciale. Încercați să fiți conștienți de limbajul non-verbal al partenerului și să îl interpretați corect.

6. Exercitiul asertivității: Încercați să vă exprimați nevoile și dorințele într-un mod clar, direct și respectuos. Evitați agresivitatea sau pasivitatea și căutați să găsiți un echilibru în comunicarea cu partenerul.

7. Exercitiul rezolvării conflictelor: Practicați abordarea problemelor și divergențelor într-un mod constructiv și cooperativ. Încercați să identificați cauzele conflictului și să găsiți soluții în beneficiul ambilor parteneri.

8. Exercitiul empatiei prin practicarea perspectivelor diverse: Încercați să vă puneți în locul partenerului și să încercați să înțelegeți de ce gândește sau acționează într-un anumit fel. Încercați să identificați motivele subiacente și să găsiți soluții bazate pe empatie și înțelegere reciprocă.

9. Exercitiul comunicării non-defensive: Evitați reacțiile defensive sau critice în timpul unei discuții sau a unei dispute. Încercați să ascultați și să înțelegeți punctul de vedere al partenerului fără a vă apăra sau a vă justifica.

10. Exercitiul recunoașterii și aprecierii: Luați-vă timp să apreciați și să recunoașteți eforturile și calitățile partenerului în relație. Exprimați recunoștința și aprecierea pentru ceea ce face sau oferă în viața voastră.

"Comunicarea este cheia unei relații sănătoase, iar empatia este lantul care leagă oamenii între ei."

Capitolul 6: Construirea unei relații sănătoase și echilibrate.

- Stabilește limite sănătoase și respectă-ți valorile în relație.
- Acordă timp și atenție partenerului tău, dar nu uita de propriile nevoi și dorințe.

Construirea unei relații sănătoase și echilibrate implică o serie de aspecte cheie care trebuie luate în considerare și gestionate cu atenție. Este important să existe o comunicare deschisă și sinceră între cei doi parteneri, să existe încredere reciprocă și să se acorde sprijin și susținere în momentele dificile.

Respectul față de celălalt este esențial în orice relație sănătoasă. Este important să îți asculți partenerul, să îți exprimi opiniile și sentimentele în mod respectuos și să acorzi importanță nevoilor și dorințelor celuilalt. De asemenea, este vital să exiști și să accepți diversitatea și individualitatea fiecărui partener și să nu încerci să îl schimbi sau să îl controlezi.

Un alt aspect important în construirea unei relații sănătoase este gestionarea conflictelor și rezolvarea problemelor în mod constructiv și empatic. Este normal să apară neînțelegeri și dispute într-o relație, dar modul în care acestea sunt abordate poate face diferența între o relație armonioasă și una plină de tensiuni.

În plus, este important să existe echilibru și echitate în relație. Fiecare partener trebuie să își asume responsabilități și să contribuie în mod echitabil la bunăstarea și fericirea comună. Este esențial ca fiecare să se simtă valorizat și apreciat în relație și să contribuie la construirea unei atmosfere de înțelegere și susținere reciprocă.

Construirea unei relații sănătoase și echilibrate necesită efort, comunicare și implicare din partea ambilor parteneri. Este important să acorzi atenție nevoilor și sentimentelor celuilalt, să îți asumi responsabilități și să îți menții respectul și iubirea în orice situație. O relație sănătoasă este o sursă de fericire și împlinire pentru ambele părți și poate fi construită prin investirea timpului și energiei necesare în relația dintre parteneri.

Construirea unei relații sănătoase și echilibrate este un proces care implică efort, comunicare deschisă și respect reciproc. Este important să ne asigurăm că există un echilibru în relație și că ambii parteneri se simt împliniți și respectați.

Un aspect crucial în dezvoltarea unei relații sănătoase este comunicarea eficientă. Este esențial să vorbim deschis despre sentimentele și nevoile noastre, să ascultăm cu atenție și să ne exprimăm gândurile într-un mod respectuos.

De exemplu, dacă unul dintre parteneri simte că nu primește suficientă atenție sau susținere, este important să aducă această problemă la cunoștința celuilalt pentru a găsi împreună soluții.

De asemenea, respectul reciproc joacă un rol crucial în menținerea unei relații sănătoase. Acest lucru înseamnă să ne tratăm partenerul cu considerație, să îi ascultăm opiniile și să îi acordăm respectul cuvenit. De exemplu, poți arăta respect în relația ta ascultând cu atenție și luând în considerare opiniile și dorințele partenerului tău în deciziile comune.

Pe lângă comunicare și respect, este important să acordăm atenție și nevoilor individuale ale fiecărui partener. Este important să ne asigurăm că nu ne pierdem identitatea în relație și că ne acordăm timp și spațiu pentru a ne dezvolta individual. De exemplu, poți susține pasiunile și interesele partenerului tău și îl poți încuraja să își urmeze visurile, fără a-i impune propriile tale dorințe.

Pentru a construi o relație sănătoasă și echilibrată, trebuie să acordăm importanță comunicării, respectului reciproc și nevoilor individuale ale fiecărui partener. Prin efortul comun și implicarea activă în menținerea unei conexiuni profunde și autentice, putem dezvolta o relație solidă și înfloritoare de lungă durată.

O relație sănătoasă și echilibrată se bazează pe comunicare deschisă și sinceră, încredere, respect reciproc, sprijin și compromis. Este important să îți asculți partenerul și să fii dispus să comunici deschis despre nevoile, dorințele și problemele tale. Iată câteva exemple de cum poți construi o relație sănătoasă:

- Când întâmpini o provocare sau o discuție dificilă, încearcă să fii calm și să asculți cu atenție punctul de vedere al partenerului. Abordarea conflictelor cu empatie și dorința de a ajunge la o soluție comună poate întări legătura dintre voi.

- Fii sincer și transparent în relație. Nu ascunde informații sau sentimente importante, deoarece asta poate distruge încrederea și să distanțeze relația.

- Respetă spațiul și timpul personal al partenerului. Înțelege și recunoaște nevoile și interesele individuale ale fiecăruia și oferă suport în dezvoltarea personală.

- Demonstrează apreciere și recunoștință față de partener pentru lucrurile bune pe care le aduce în viața ta. Gesturi mici de îngrijire și atenție pot consolida conexiunea emoțională.

- Fiți echilibrați în emoții și cerințe. Încercați să găsiți un echilibru între nevoile și dorințele fiecăruia, iar compromisul este esențial pentru ca amândoi să vă simțiți valorizați și îngrijiți.

Prin aplicarea acestor principii și acționând în mod conștient pentru a îmbunătăți relația voastră, puteți construi o legătură puternică și sănătoasă care să dureze în timp.

Stabilirea limitelor sănătoase într-o relație este crucială pentru asigurarea unei comunicări eficiente, respect reciproc și bunăstare emoțională pentru ambele părți implicate. Aceste limite pot avea diferite forme și pot fi stabilite în funcție de nevoile și preferințele individuale ale fiecărui partener.

Este important să aveți discuții deschise și oneste despre ceea ce vă confortabil și inconfortabil în cadrul relației, iar apoi să stabiliți împreună limitele care să respecte aceste nevoi.

De exemplu, unele limite comune pot include:

- Respect reciproc: Stabiliți împreună modul în care doriți să fiți tratați și evitați comportamente abuzive sau degradante.

- Spațiu personal: Fiți conștienți de nevoia fiecăruia de timp și spațiu pentru a vă relaxa și a vă îngriji de sine.

- Comunicare deschisă: Stabiliți un mediu sigur în care să puteți discuta deschis despre nevoile voastre, fără teama de judecată sau reprinderi.

- Limitațiile sexuale: Stabiliți împreună ce vă face confortabil și inconfortabil în ceea ce privește intimitatea și sexul și respectați aceste granițe.

- Timpul și energie: Fiți conștienți de limitele fiecăruia în ceea ce privește timpul și resursele energetice și încercați să vă sprijiniți reciproc în acest sens.

Prin stabilirea limitelor sănătoase în relație, veți putea construi o legătură mai puternică și mai rezistentă, bazată pe respect, incredere și apreciere reciprocă.

Nu uitați că aceste limite pot evolua odată cu timpul și cu schimbările în relație, așa că este important să rămâneți deschiși la dialog și ajustări pe parcursul relației.

Stabilirea limitelor sănătoase într-o relație este esențială pentru menținerea unei relații echilibrate și sănătoase. Așadar, este important să comunicăm deschis și sincer cu partenerul nostru despre ceea ce ne deranjează sau ne displace în relație și să stabilem limite clare și respectuoase.

O primă etapă în stabilirea limitelor sănătoase în relație este să ne cunoaștem propriile nevoi, dorințe și toleranțe. Acest lucru înseamnă să fim sinceri cu noi înșine în ceea ce privește ceea ce suntem dispuși să acceptăm și ceea ce nu suntem dispusi să acceptăm într-o relație.

Apoi, este important să comunicăm deschis și respectuos cu partenerul nostru despre aceste limite. Este important să folosim un limbaj clar și non-judecat afirmativ pentru a transmite cum ne simțim și ce ne dorim. De asemenea, este important să fim deschiși la feedback-ul partenerului nostru și să fim dispuși să ajungem la un consens în ceea ce privește limitele noastre.

În plus, este important să fim consecvenți în menținerea limitelor noastre și să nu facem compromisuri care ar putea afecta relația noastră în mod negativ. Este important să ne respectăm și să ne protejăm nevoile și să nu tolerăm comportamente sau situații care ne fac să ne simțim disconfortabil.

Într-o relație sănătoasă, fiecare partener trebuie să fie conștient de respectarea limitelor celuilalt și să fie dispus să le respecte. Stabilirea limitelor sănătoase în relație este un proces continuu care necesită comunicare deschisă, încredere reciprocă și respect reciproc. Este important să fim conștienți de nevoile și dorințele noastre și să ne asigurăm că acestea sunt respectate în relația noastră.

Stabilirea limitelor sănătoase într-o relație este crucială pentru menținerea unei conexiuni sănătoase și echilibrate între parteneri.

Iată câteva exemple de limite sănătoase pe care fiecare cuplu ar trebui să le stabilească și să le respecte:

1. Limitele comunicării: să fie deschis și onest unul cu celălalt în privința nevoilor, dorințelor și sentimentelor, dar și să respecte spațiul personal și intimitatea fiecărui partener în momentele în care au nevoie de timp și spațiu pentru ei înșiși.

2. Limitele comportamentale: să nu se impună sau să tolereze comportamente abuzive, disprețuitoare sau manipulatoare, ci să se respecte și să se trateze cu respect reciproc.

3. Limitele financiare: să stabilească împreună un plan financiar și să nu își depășească bugetul comun fără acordul celuilalt, să evite datoriile excesive sau cheltuielile nesăbuite care ar putea duce la tensiuni în relație.

4. Limitele sociale: să stabilească împreună care sunt prioritățile în ceea ce privește viața socială și să își respecte nevoile și interesele individuale în ceea ce privește activitățile și relațiile cu prietenii și familia.

5. Limitele intimității: să se respecte granițele personale și să nu se impună sau să se simtă obligați să facă ceva ce nu doresc în ceea ce privește intimitatea și relația sexuală.

Este important ca partenerii să comunice deschis și să stabilească împreună aceste limite sănătoase, pentru a asigura o relație echilibrată și respectuoasă în care fiecare se simte în siguranță și împlinit.

Respectul și valorile sunt fundamentale în cadrul unei relații sănătoase și armonioase. Ele reprezintă baza pe care este construită întreaga relație și joacă un rol crucial în menținerea echilibrului și unității cuplului.

Respectul este esențial în orice relație deoarece demonstrează încrederea, recunoașterea și aprecierea partenerului. Este important să ne respectăm reciproc spațiul personal, opinia și alegerile, să manifestăm empatie și să fim atenți la nevoile și dorințele celuilalt. Respectul înseamnă, de asemenea, comunicare deschisă și sinceră, respectându-ne reciproc cuvântul și promisiunile făcute.

Valorile sunt principiile și credințele care ne ghidează în viață și care ne definesc ca indivizi. Este important ca partenerii să împărtășească sau să respecte valorile celuilalt pentru a evita conflictele și tensiunile în relație.

Fiecare cuplu ar trebui să-și identifice și să-și clarifice valorile comune și să lucreze împreună pentru a le integra în viața lor de zi cu zi.

Atunci când respectul și valorile sunt în centrul unei relații, cuplul poate construi o legătură solidă și durabilă. Ei vor fi mai înțelegători unul față de celălalt, vor găsi soluții în situațiile dificile și vor avea o comunicare mai eficientă. De asemenea, vor avea o mai mare încredere în partener și vor avea mai multă satisfacție și fericire în cuplu.

Respectul și valorile sunt cheia pentru o relație sănătoasă și fericită. Prin manifestarea acestor aspecte în fiecare zi, cuplul va putea construi o legătură puternică și bazată pe încredere și compatibilitate.

Pentru a avea o relație sănătoasă, este crucial să respectăm valorile celeilalte persoane. Acest lucru înseamnă să acordăm importanță principiilor și credințelor pe care partenerul le are și să le tratăm cu respect și înțelegere.

Respectarea valorilor în relație presupune să fim deschiși la dialog și să ascultăm cu atenție punctele de vedere ale partenerului. Nu trebuie să fim de acord cu tot ce spune sau crede, dar trebuie să-i arătăm că îi respectăm opiniile și că suntem interesați de ceea ce simte și gândește.

De asemenea, respectarea valorilor în relație înseamnă să avem încredere reciprocă și să ne sprijinim unul pe altul în îndeplinirea obiectivelor și viselor personale. Este important să ne susținem în luările de decizie și să ne respectăm autonomia și intimitatea.

 Atunci când respectăm valorile partenerului, creăm un mediu sigur și empatic în care amândoi ne putem dezvolta în mod individual și putem crește împreună ca cuplu.

Respectul pentru valorile în relație este extrem de important pentru menținerea unei legături sănătoase și armonioase între parteneri. Respectul pentru valorile celuilalt implică înțelegerea și acceptarea aspectelor care sunt importante pentru acea persoană și acordarea de importanță acestora.

Un exemplu concret ar fi atunci când unul dintre parteneri își exprimă dorința de a petrece mai mult timp împreună în natură, deoarece este o activitate care îl relaxează și îi aduce o stare de bine. Respectul pentru valorile celuilalt în acest caz ar însemna să fie luată în considerare această dorință și să se facă eforturi pentru a face posibilă realizarea ei.

Pe de altă parte, lipsei de respect pentru valorile celuilalt în relație poate duce la conflicte și tensiuni.

Dacă unul dintre parteneri își ignoră sau minimalizează dorințele și nevoile celeilalte persoane, acest lucru poate crea resentimente și sentimente de neglijare sau lipsă de respect.

Prin urmare, respectul pentru valorile celuilalt în relație implică ascultarea activă, comunicarea deschisă și flexibilitatea în a găsi soluții care să satisfacă ambii parteneri. Este important să ne străduim să ne înțelegem reciproc și să acordăm respectul cuvenit celorlalți, astfel încât să construim relații sănătoase și împlinite.

Respectarea valorilor în relație este extrem de importantă pentru menținerea unei comunicări sănătoase și a unei relații durabile. Iată câteva moduri în care putem respecta valorile în relație:

1. Respect reciproc: Este crucial să avem încredere și să respectăm partenerul în relație. Acest lucru implică ascultarea cu atenție, luarea în considerare a opiniilor și sentimentelor celuilalt și tratarea sa cu respect și îngrijire.

2. Onestitate și transparență: Respectul înseamnă să fim sinceri și deschiși față de partenerul nostru. Este important să ne exprimăm gândurile, sentimentele și preocupările noastre în mod onest și direct, fără a ascunde sau distorsiona adevărul.

3. Respectarea spațiului personal: Fiecare persoană are nevoi și dorințe individuale și este important să respectăm spațiul personal al partenerului nostru. Acest lucru înseamnă să fim conștienți de limitele personale ale celuilalt și să le respectăm în mod activ.

4. Respectarea valorilor individuale: Într-o relație, este important să recunoaștem și să respectăm valorile individuale ale partenerului nostru. Aceasta înseamnă să încurajăm și să susținem pasiunile și interesele sale unice, chiar dacă acestea diferă de ale noastre.

Un exemplu de respectarea valorilor în relație ar fi atunci când partenerul tău are o credință religioasă sau spirituală puternică, iar tu nu împărtășești aceeași credință. Respectând valorile religioase ale partenerului tău, poți arăta sprijin și înțelegere în ceea ce privește participarea sa la practicile religioase sau spirituale, chiar dacă nu le împărtășești personal. Acest lucru demonstrează respect, toleranță și deschidere către valorile și credințele individuale ale partenerului tău.

Este esențial să acordăm timp și atenție partenerului nostru într-o relație, să fim prezenți atunci când au nevoie de noi, să îi ascultăm și să le arătăm că îi susținem în tot ceea ce fac.Însă, la fel de important este să nu uităm să ne îngrijim de propriile noastre nevoi și dorințe.

Nu trebuie să ne neglijăm sau să ne sacrificăm integral pentru partenerul nostru, ci să găsim un echilibru între a îi oferi sprijin și a avea grijă de noi înșine. Este important să ne acordăm timp pentru hobby-urile noastre, pentru a ne întreține fizic și mental sau pentru a explora lucruri noi care ne aduc bucurie și satisfacție.

O relație sănătoasă poate fi construită doar atunci când avem grijă de noi înșine în primul rând, pentru a putea fi apoi prezenți și susținători pentru partenerul nostru. Este o responsabilitate comună, dar fiecare trebuie să aibă grijă de sine pentru a putea contribui la fericirea și bunăstarea relației.

Este important să acorzi timp și atenție partenerului tău într-o relație, dar nu trebuie să neglijezi propriile nevoi și interese. Este esențial să găsești un echilibru între a oferi și a primi în relația voastră.

Un exemplu ar fi să îți faci timp să îl asculți și să îi acorzi atenție când are nevoie de sprijin sau de sfaturi, dar în același timp să îți păstrezi timp pentru tine pentru a te relaxa și a face activități care te fac fericit.

De asemenea, poți alege să îți exprimi nevoile și dorințele personale în mod deschis și sincer, comunicând cu partenerul tău și lucrând împreună pentru a găsi soluții care să satisfacă atât nevoile tale, cât și pe ale lui.

Va propun 10 exercitii practice pentru construirea unei relații sănătoase și echilibrate.

1. Comunicare deschisă și sinceră.
Într-o relație sănătoasă, este important să comunici deschis și sincer cu partenerul tău. Fii dispus să împărtășești sentimentele tale, temerile și nevoile tale. De exemplu, poți spune partenerului tău cum te simți în legătură cu anumite aspecte ale relației sau să îți exprimi dorințele și așteptările tale.

2. Respect reciproc.
Respectul este fundamental în orice relație sănătoasă. Arată-i partenerului tău că îl apreciezi și îl respecți pentru cine este. Ascultă cu atenție părerile și opiniile lui și evită să îl jignești sau să îi minimalizezi sentimentele.

3. Întreținerea unui echilibru în relație.
Într-o relație sănătoasă este important să menții un echilibru între viața ta personală și cea de cuplu. Nu te neglija pe tine însuți în detrimentul relației sau viceversa.

4. Sprijin reciproc.
Fii acolo pentru partenerul tău în momentele dificile și oferă-i sprijinul de care are nevoie. Faptul că ești alături de el în momentele grele îl va face să se simtă iubit și apreciat.

5. Gestionarea conflictelor cu maturitate.

În orice relație vor apărea inevitabil conflicte. Este important să înveți să gestionezi aceste conflicte cu maturitate și să găsiți soluții împreună. Evită să acționezi impulsiv în momentele de tensiune și găsiți modalități constructive de a rezolva problemele.

6. Petrecerea timpului de calitate împreună.

Într-o relație sănătoasă este important să petreceți timp de calitate împreună. Realizați activități pe care le amândoi iubiți și bucurați-vă de compania reciprocă.

7. Respectarea spațiului personal al partenerului.

Fiecare persoană are nevoie de spațiu personal și este important să respecți acest lucru în relația ta. Nu te simți amenințat sau neglijat atunci când partenerul tău își dorește un timp doar pentru el. Este normal să aveți activități separate și să vă bucurați de hobby-urile voastre individuale.

8. Planificarea pentru viitor împreună.

Într-o relație sănătoasă, este important să aveți obiective comune și să planificați pentru viitor împreună. Discutați despre aspirațiile voastre și găsiți modalități de a vă susține reciproc în atingerea acestor obiective.

9. Încurajarea reciprocă.

Fii un susținător al partenerului tău și încurajează-l să își urmeze pasiunile și visurile. Oferă-i sprijinul și încurajările de care are nevoie pentru a-și atinge obiectivele.

10. Exprimarea aprecierii și recunoștinței.

Nu uita să îți arăți aprecierea și recunoștința față de partenerul tău pentru tot ceea ce face pentru tine. Fii recunoscător pentru prezența lui în viața ta și arată-i că îți pasă de el și îl apreciezi cu adevărat.

"O relație sănătoasă nu se construiește pe baza perfecțiunii, ci pe celor două persoane care sunt dispuse să-și acorde timp, încredere și sprijin reciproc pentru a crește împreună."

Capitolul 7:Crearea de momente speciale și memorabile in relatii.

- Găsește modalități de a-ți exprima dragostea și recunoștința față de partenerul tău.
- Planifică activități și excursii care să vă apropie și să vă întărească relația .

Crearea de momente speciale și memorabile într-o relație este esențială pentru menținerea unei legături puternice și sănătoase. Aceste momente pot fi atât evenimente mari și elaborate, cât și gesturi mici și simple, care să arate dragostea și aprecierea reciprocă.

Un exemplu de moment special ar fi o cină romantică la lumina lumânărilor, în care partenerii se pot bucura de o mâncare delicioasă și de o atmosferă intimă și relaxantă. Această întâlnire poate fi o ocazie perfectă pentru a petrece timp de calitate împreună și pentru a demonstra grijă și afecțiune reciprocă.

Alte idei pentru crearea de momente speciale în relație pot include excursii de weekend în locuri noi și interesante, serate de film acasă cu gustări preferate și pahare de vin, sau chiar simple plimbări de seară în parc sau în natură.

Indiferent de activitatea aleasă, important este să arătați partenerului că vă pasa și că sunteți prezenți și implicați în relație. Aceste mici gesturi de atenție și iubire pot face diferența într-o relație și pot crea amintiri de neuitat pentru ambii parteneri.

- Organizarea unei cine romantice: Poți surprinde pe cineva drag cu o cină romantică acasă sau la un restaurant elegant. Poți decora masa cu lumânări și floricele, poți găti mâncarea preferată a persoanei respective sau poți alege meniul preferat la un restaurant. Este un mod perfect de a petrece timp de calitate împreună și de a crea o atmosferă specială.

- Excursie surpriză: Poți organiza o excursie surpriză într-un loc special sau la o destinație pe care persoana respectivă și-o dorește de mult timp să o viziteze. Această experiență va crea amintiri de neuitat și va întări legătura dintre voi.

- Sărbătorirea unei zile importante: Poți face o surpriză plină de iubire cu ocazia unei zile importante precum ziua de naștere, aniversarea relației sau o realizare importantă. Poți organiza o petrecere mică, poți oferi un cadou special sau poți scrie un mesaj emoționant.

- O seară de jocuri și amuzament: Poți organiza o seară de jocuri și amuzament acasă sau la un local cu diverse activități distractive. Poți să alegeți jocuri de societate, să participați la un escape room sau să mergeți la karaoke. Această experiență va întări legătura dintre voi și va oferi multe momente amuzante.

- O plimbare romantică: Poți merge într-o plimbare romantică în parc, pe malul unui lac sau într-un loc special pentru amândoi. Poți purta o conversație relaxată, să admirați priveliștea sau să faceți fotografii împreună. O astfel de plimbare va crea ocazia perfectă pentru a vă conecta emoțional și pentru a petrece timp de calitate împreună.

Există multe modalități de a-ți exprima dragostea și recunoștința față de partenerul tău. Poți începe prin a-i spune cât de mult îl apreciezi și de cât de mult îți este el de important. Poți folosi cuvinte frumoase și sincere pentru a-i arăta cât de mult îl iubești și cât de recunoscător ești pentru tot ce face pentru tine.

Pe lângă vorbe, gesturile mici și atențiile pe care le faci pentru partenerul tău sunt la fel de importante. Poți pregăti o cină romantică, îi poți trimite flori sau un mesaj dulce, îl poți ajuta în gospodărie sau pur și simplu îi poți oferi un masaj relaxant.

În plus, timpul petrecut împreună și comunicarea deschisă și sinceră sunt esențiale într-o relație sănătoasă. Ascultă-l pe partenerul tău, spune-i ce simți și nu uita să îi arăți că îți pasă de el.

NU uita, fiecare persoană are nevoi și preferințe diferite, așa că încurajez să fii atent la nevoile și dorințele individuale ale partenerului tău și să găsești modalități personalizate de a-i arăta dragostea și recunoștința ta.

Nu există o rețetă universală, dar cu sinceritate și atenție vei reuși să îți exprimi sentimentele în mod autentic și să îți întărești legătura cu partenerul tău.

-Îmi place să îmi arăt dragostea pentru partenerul meu în feluri diferite și creative.

-Uneori, îmi place să îi scriu scrisori de dragoste sau să îi las bilețele cu cuvinte dulci pe frigider sau pe oglindă. Îmi place să îi ofer flori sau cadouri mici, doar pentru a-i arăta cât de mult îl apreciez.

-Uneori, îmi place să îl surprind cu o cină romantică acasă sau cu o escapadă de weekend într-un loc special pentru amândoi.

-Îmi place să îl îmbrățișez și să îl sărut cât mai des, pentru că gesturile mici de afecțiune contează enorm pentru mine.

Cel mai important mod de a îi arăta dragostea mea este să fiu mereu prezentă pentru el, să îl susțin în tot ce face și să îi ofer tot sprijinul și iubirea mea necondiționată.

Exprimarea dragostei față de partenerul tău este esențială pentru menținerea unei relații sănătoase și fericite.

Există numeroase modalități de a-ți arăta afecțiunea și aprecierea pentru persoana iubită, iar iată câteva exemple descrise:

1. Gesturi mici de atenție.Poți exprima dragostea prin gesturi simple, cum ar fi pregătirea micului dejun sau a unei cine romantice, scrierea unui mesaj de dragoste sau oferirea unei mici cadouri care arată că îți pasă de partenerul tău.

2. Comunicare deschisă și sinceră.

Este important să comunici deschis cu partenerul tău și să îi arăți că ești mereu acolo pentru el. Ascultă-l cu atenție, fii empatic și exprimă-ți sentimentele în mod sincer.

3. Timp petrecut împreună.

Nimic nu spune "te iubesc" mai mult decât timpul petrecut împreună. Organizează activități pe care le îndrăgiți amândoi, mergând la cinema, plimbări romantice sau chiar o seară de buzunar în care să vă dedicați unul altuia.

4. Sprijinirea partenerului în momente dificile.

A fi acolo pentru partenerul tău atunci când trece printr-o perioadă dificilă este o modalitate puternică de a-i arăta dragostea ta. Fii sprijinitor, încurajator și fii mereu acolo pentru el.

5. Gesturi fizice de afecțiune.

Nimic nu egalează îmbrățișarea sau sărutul pentru a-ți arăta dragostea. Fii tandru, acționează cu grijă și arată-i partenerului cât de mult îl iubești prin contactul fizic.

Fiecare persoană are moduri diferite de a-și exprima dragostea, așa că este important să descoperiți împreună ce funcționează cel mai bine pentru relația voastră. Ceea ce contează cel mai mult este sinceritatea, atenția și intențiile bune din spatele gesturilor tale.

Recunoașterea și exprimarea recunoștinței față de partenerul tău sunt aspecte extrem de importante într-o relație sănătoasă.

Există multe modalități în care poți să îți arăți aprecierea și recunoștința față de celălalt și este important să găsești modul care îți este cel mai potrivit.

-Unul dintre cele mai simple moduri de a-ți exprima recunoștința față de partenerul tău este să îi spui pur și simplu "Mulțumesc". Cu cât exprimi mai des acest cuvânt, cu atât partenerul tău va simți că eforturile sale sunt apreciate și că munca sa este recunoscută.

-O altă modalitate de a-ți arăta recunoștința este să faci gesturi mici, dar semnificative. Poți să îi pregătești o surpriză plăcută, să îi faci o masă delicioasă sau să îi oferi o floare sau un cadou simbolic. Gesturile mici pot conta enorm și pot face ca partenerul tău să se simtă apreciat și iubit.

-De asemenea, poți să îți exprimi recunoștința prin acte de îngrijire și atenție. Poți să îl ajuți cu treburile casnice, să îi oferi un masaj relaxant sau pur și simplu să îi fii alături în momentele dificile. Atunci când îți arăți grijă și suport față de partenerul tău, el va simți că ești recunoscător pentru tot ceea ce face.

Comunicarea deschisă și sinceră este cheia unei relații sănătoase și pline de recunoștință. Nu ezita să îți exprimi sentimentele față de partenerul tău, să îi arăți cât de mult îl apreciezi și să îi spui cât de recunoscător ești pentru tot ceea ce face pentru tine. Cu cât vorbiți mai mult despre recunoștință și apreciere în relația voastră, cu atât mai puternică va deveni legătura voastră și cu atât mai fericită va fi relația voastră. Recunoștința față de partenerul tău este esențială pentru menținerea unei relații sănătoase și fericite.

Există multe modalități de a-ți exprima aprecierea și recunoștința față de persoana dragă:

1. Arată-i aprecierea prin gesturi mici: Poți să surprinzi partenerul tău cu un mic cadou sau cu un gest de bunăvoință, cum ar fi să îi pregătești o cină specială sau să îi faci o baie relaxantă după o zi lungă la muncă. Gesturile mici pot face diferența și pot arăta că îți pasă în mod special de persoana ta iubită.

2. Exprimă-ți recunoștința în mod verbal: Fii sincer și deschis în exprimarea sentimentelor tale față de partenerul tău. Spune-i cât de mult îți valorezi relația și cât de importantă este prezența lui în viața ta. Spune-i mulțumesc pentru tot ceea ce fac pentru tine și arată-i că îți este recunoscător pentru tot sprijinul și iubirea pe care ți le oferă.

3. Petrece timp împreună: O modalitate excelentă de a-ți arăta recunoștința față de partenerul tău este să petreci timp de calitate împreună. Organizează ieșiri romantice, plimbări sau serate acasă în care să vă relaxați și să vă bucurați de compania reciproca. Poți să încercați activități noi și interesante împreună sau să vă reamintiți de momentele frumoase din trecut care v-au apropiat.

4. Demonstrează-i că îl susții: O altă modalitate importantă de a-ți exprima recunoștința față de partenerul tău este să îl susții în momentele dificile și să fii alături de el în orice situație. Arată-i că poți să fii un sprijin puternic și de încredere în viața lui și că poți să-i fii alături în orice moment, atât în timpurile bune, cât și în cele mai puțin plăcute.

5. Fă-i surprize plăcute: Surprizele neașteptate pot fi o modalitate excelentă de a-ți arăta recunoștința față de partenerul tău. Poți să îl impresionezi cu o escapadă de weekend, cu bilete la un concert sau cu o experiență specială care să vă aducă mai aproape și să vă facă să vă simțiți iubiți și apreciați.

Este important să fii sincer și autentic în exprimarea recunoștinței față de partenerul tău și să arăți că îți pasă cu adevărat de el. Relația voastră va deveni mai puternică și mai profundă dacă reușiți să vă sprijiniți și să vă arătați recunoștința reciproc.

Exprimarea dragostei și recunoștinței față de partenerul tău este un aspect esențial al unei relații sănătoase și fericite. În timp ce cuvintele pot fi puternice, acțiunile vorbesc adesea mai mult decât orice altceva. Există numeroase modalități de a-ți arăta iubirea și aprecierea față de celălalt, iar important este să alegi cele care sunt semnificative pentru partenerul tău.

Unele modalități simple de a-ți exprima dragostea includ spunerea „Te iubesc" în mod regulat, arătând apreciere prin gesturi mici și zilnice precum gătitul mâncării preferate sau luarea unei sarcini pe care partenerul nu o apreciază. Poți, de asemenea, să-ți petreci timpul de calitate împreună, să te implici activ în interesele și pasiunile lui, să-i arăți respect și să-l înțelegi în momentele dificile.

De asemenea, poți folosi limbajul iubirii pentru a-ți demonstra afecțiunea. Fie că este vorba despre oferirea de cadouri simbolice sau mici acte de bunătate, cum ar fi pregătirea unei băi relaxante sau a unei mese romantice, gesturile tale vor demonstra că îți pasă de partenerul tău și îți dorești să-l faci fericit.

Este esențial să fii un partener de încredere și să-ți arăți recunoștința pentru eforturile pe care le face celălalt în relație. Recunoașterea și aprecierea contribuțiilor lui vor consolida legătura voastră și vor face ca partenerul să se simtă valorizat și iubit.

Exprimarea dragostei și recunoștinței față de partenerul tău implică un efort constant de a-l arăta cât de mult îl prețuiești și de a consolida legătura voastră. Fiecare persoană are un mod unic de a dărui și primi iubire, așa că este important să descoperi ce funcționează cel mai bine pentru relația voastră și să fii sincer în intențiile tale.

Prin aceste gesturi simple, vei crea o atmosferă de iubire și recunoștință în cuplu, care va face ca relația voastră să fie mai puternică și mai armonioasă.

Planificarea activităților și excursiilor care să ne apropie și să ne întărească relația este extrem de importantă pentru ca să ne menținem legătura puternică și să ne bucurăm unul de celălalt într-un mod activ și distractiv.

În primul rând, putem alege să facem activități în aer liber, precum plimbări în parc, drumeții în natură sau chiar excursii la munte sau la mare. Astfel, ne vom bucura de aerul proaspăt, de peisajele frumoase și de timpul petrecut împreună într-un mediu relaxant și plin de energie pozitivă.

De asemenea, putem participa la diverse workshop-uri sau cursuri în care să învățăm ceva nou împreună, precum gătitul, dansul, pictura sau chiar yoga.

Aceste activități ne vor ajuta să ne descoperim pasiuni comune sau să ne dezvoltăm abilități noi, iar, în același timp, ne vor oferi o modalitate plăcută de a petrece timp de calitate împreună.

În plus, putem planifica excursii sau călătorii mai lungi în destinații pe care am visat întotdeauna să le vizităm sau chiar să explorăm locuri necunoscute împreună. Astfel, ne vom crea amintiri de neuitat și vom avea oportunitatea să ne conectăm într-un mod mai profund, descoperind lucruri noi despre noi înșine și despre celălalt.

Planificarea activităților și excursiilor care să ne apropie și să ne întărească relația este esențială pentru menținerea unei legături puternice și sănătoase cu partenerul nostru. Prin acest tip de experiențe împreună, ne vom bucura de momente de fericire și împlinire care să ne motiveze să ne susținem reciproc și să ne iubim din ce în ce mai mult în fiecare zi.

Iată câteva exemple de activități și excursii pe care le puteți planifica pentru a vă apropia și a vă întări relația:

- O excursie la munte sau la mare - porniți împreună într-o aventură în natură, unde puteți explora peisajele frumoase, puteți face drumeții sau pur și simplu vă puteți relaxa și vă puteți bucura de timpul petrecut împreună.

- Un curs sau atelier comun - alegeți să participați la un curs sau atelier pe care amândoi îl iubiți, cum ar fi gătitul, dansul sau pictura. Vă veți distra împreună și veți avea ocazia de a învăța ceva nou și de a vă dezvolta abilitățile într-un domeniu care vă pasionează.

- O degustare de vinuri sau de bere - mergeți la o degustare de vinuri sau de bere și savurați împreună aromele și aromele diferite. Puteți petrece timp de calitate savurând băuturi delicioase și discutând gusturile și preferințele voastre.

- O escapadă de weekend într-un oraș sau într-o destinație romantică - rezervați o escapadă de weekend într-un oraș sau într-o destinație romantică unde puteți explora împreună obiective turistice, restaurante locale și alte atracții.

- O sesiune de sport sau de fitness împreună - mergeți la sală sau ieșiți la alergat, la bicicletă sau la o sesiune de yoga împreună. Exercițiile fizice pot ajuta la eliberarea stresului și la creșterea endorfinelor, ceea ce vă va face să vă simțiți mai aproape unul de celălalt.

- Un picnic sau o plimbare în parc - pregătiți un picnic romantic sau mergeți la o plimbare în parc, unde puteți petrece timp în natură și puteți savura o masă delicioasă în aer liber.

- Un curs de dans sau de gătit pentru cupluri - înscrieți-vă la un curs de dans sau de gătit pentru cupluri, unde veți avea ocazia să învățați împreună noi mișcări de dans sau rețete delicioase pe care să le pregătiți împreună acasă.

Indiferent de activitățile sau excursiile pe care decideți să le planificați, este important să vă bucurați de timpul petrecut împreună și să vă sprijiniți reciproc în creșterea și dezvoltarea relației voastre.

Planificarea activităților și excursiilor care să ne apropie și să ne întărească relația este extrem de importantă pentru noi. De-a lungul timpului, am observat că petrecerea timpului împreună și participarea la diverse activități ne ajută să ne cunoaștem mai bine, să ne conectăm la un nivel mai profund și să ne consolidăm legătura.

De aceea, ne străduim să planificăm cât mai des excursii sau activități în care să ne implicăm amândoi. De exemplu, mergem în călătorii în locuri noi, participăm la cursuri sau workshop-uri comune, practicăm sport sau activități în aer liber împreună, sau pur și simplu ne relaxăm la un picnic sau la o cină romantică.

Toate aceste momente petrecute împreună ne aduc bucurie, ne oferă amintiri frumoase și ne întăresc relația. Suntem recunoscători că avem ocazia să experimentăm aceste momente speciale împreună și ne dorim să continuăm să ne dezvoltăm în această direcție pentru a ne întări legătura și a ne apropia și mai mult unul de celălalt.

Va propun 10 exercitii practic pentru crearea de momente speciale și memorabile in relatii.

1. Organizarea unei cine romantice.
Alege un loc special, cum ar fi o plajă sau un parc, și pregătește un picnic romantic cu mâncare preferată a partenerului tău. Creați o atmosferă romantică cu lumânări, flori și muzică lentă.

2. Scrie scrisori de dragoste.
Scrie scrisori de dragoste sincere și emoționante pentru partenerul tău și lasă-le în locuri neașteptate, cum ar fi geantă, sertar sau oglindă. Acest gest simplu și personal va crea momente speciale și memorabile în relația voastră.

3. Planificați o escapadă surpriză.
Surprinde-ți partenerul cu o escapadă de weekend la o destinație pe care le-a dorit întotdeauna să o viziteze. O surpriză ca aceasta va crea amintiri de neuitat și va consolida legătura voastră.

4. Organizarea unei seri tematice.
Alegeți un anumit temă pentru o seară specială acasă, cum ar fi o noapte de film, o seară de gătit împreună sau o noapte de jocuri de societate. Folosiți decoruri tematice și pregătiți mâncăruri și băuturi specifice pentru a crea un moment special și distractiv.

5. Participarea la un atelier sau curs împreună.
Înscrieți-vă la un atelier sau curs împreună, cum ar fi un curs de gătit, un curs de dans sau un curs de artă și creație. Aceasta va fi o modalitate minunată de a vă conecta într-un mod nou și de a crea amintiri plăcute împreună.

6. Organizarea unei petreceri-surpriză.
Surprinde-ți partenerul cu o petrecere-surpriză la aniversarea unei ocazii speciale, cum ar fi aniversarea de relație sau ziua de naștere. Invită-i prietenii și familia pentru a se alătura la celebrare și pentru a face acea zi deosebită pentru partenerul tău.

7. Bucurati-vă de o activitate în aer liber.
Ieșiți la plimbare într-o pădure sau la munte, mergeți cu bicicletele sau mergiți la camping. Petrecerea timpului în aer liber vă va ajuta să vă relaxați, să vă deconectați de stresul zilnic și să vă bucurați de timpul petrecut împreună.

8. Participarea la un eveniment cultural.
Alegeți un eveniment cultural în orașul vostru, cum ar fi un spectacol de teatru, un concert sau o expoziție de artă. Aceasta va fi o experiență interesantă și memorabilă pe care o veți împărtăși împreună.

9. Planifikati o zi de răsfăț.
Oferiți-vă reciproc o zi de răsfăț și relaxare, cu masaje, băi calde, tratamente cosmetice sau o zi la spa. Această experiență va consolida legătura voastră și vă va ajuta să vă simțiți mai apropiați unul de celălalt.

10. Organizarea unei seri de jocuri.
Organizați o seară de jocuri de societate sau activități interactive, cum ar fi karaoke, jocuri video sau jocuri de masă. Aceasta va fi o modalitate distractivă de a vă petrece timpul împreună și de a crea momente speciale și memorabile în relația voastră.

"Nu este important cât timp petreci cu cineva, ci cum petreci acel timp. Creează momente memorabile prin simplitate, atenție și iubire."

Capitolul 8: Soluționarea conflictelor și gestionarea tensiunilor în relații.

- Învață să comunici deschis și să rezolvi problemele într-un mod constructiv.
- Fii dispus să asculți și să îți schimbi perspectiva pentru a găsi soluții în cadrul relației.

În viața de zi cu zi, conflictele și tensiunile în relații sunt inevitabile. Fie că vorbim despre relații personale, profesionale sau chiar între vecini, este important să știm cum să gestionăm aceste situații pentru a evita escaladarea acestora și pentru a menține o comunicare sănătoasă între părți.

Primul pas în soluționarea unui conflict sau în gestionarea unci tensiuni în relații este să fim deschiși și empatici. Ascultarea și înțelegerea perspectivelor celor implicați în conflict este esențială pentru a identifica cauzele și motivele din spatele problemelor. De asemenea, comunicarea deschisă și sinceră este cheia în rezolvarea oricărui conflict. Este important să fim sincer și să ne exprimăm nevoile și dorințele în mod clar și respectuos.

În cazul în care tensiunile escaladează și conflictul devine tot mai acut, este recomandat să apelăm la o mediere sau la un mediator profesionist. Acesta poate fi un terț neutru și imparțial care poate ajuta părțile implicate să găsească soluții și compromisuri echitabile pentru ambele părți.

De asemenea, în gestionarea tensiunilor în relații, este important să ne concentrăm pe rezolvarea problemelor și nu pe criticarea sau judecarea celor implicați. Încercarea de a identifica soluții practice și constructive este esențială pentru a depăși conflictele și a ajunge la o înțelegere comună.

Este important să ne amintim că relațiile sănătoase nu sunt perfecte și că este normal să avem conflicte și tensiuni în relațiile noastre. Cu toate acestea, abordarea acestor conflicte cu calm, respect și deschidere la dialog poate ajuta la construirea unei relații mai puternice și mai apropiate între părți.
Conflictele în relații pot apărea din diferite motive, cum ar fi diferențe de opinii, neînțelegeri sau nevoia de a impune puncte de vedere. Este important să înțelegem că conflictele sunt normale și pot apărea în orice relație, fie că vorbim despre relația de cuplu, familia sau relațiile de muncă.

Pentru a soluționa conflictele în relații, este important să avem abilități de comunicare eficiente. Comunicarea deschisă și sinceră este cheia în rezolvarea problemelor și evitarea escaladării conflictelor. Este important să ne ascultăm partenerii și să încercăm să înțelegem punctele lor de vedere, chiar dacă nu suntem de acord cu ele.
De asemenea, este important să fim dispuși să împărtășim și să ascultăm feedback-ul constructiv.

Este important să nu ne lăsăm dominați de emoții atunci când avem un conflict și să încercăm să rămânem calmi și raționali în discuții.

În plus, este important să găsim soluții la probleme în mod echitabil. Este important să nu căutăm vinovați, ci să ne concentrăm pe găsirea unor soluții care să satisfacă ambele părți implicate în conflict.

Soluționarea conflictelor în relații necesită abilități de comunicare eficiente, empatie și dorința de a găsi soluții echitabile. Este important să lucrăm împreună cu partenerii noștri pentru a rezolva problemele și a menține armonia în relație.
Soluționarea conflictelor în relații este un aspect esențial pentru menținerea unei relații sănătoase și fericite.
Iată câteva strategii eficiente pentru soluționarea conflictelor în relații, împreună cu exemple concrete:

1. Comunicarea deschisă și sinceră: Este important să vorbiți deschis despre problemele și nemulțumirile voastre, în loc să le ignorați sau să le evitați. Comunicarea sinceră poate ajuta la identificarea cauzelor conflictelor și la găsirea unor soluții eficiente. De exemplu, dacă vă simțiți ignorat de către partener în timpul discuțiilor, puteți spune: "Mă simt frustrat când îmi ignori punctele de vedere și aș aprecia mai multă atenție din partea ta."

2. Ascultarea activă: Ascultarea cu atenție și empatie este la fel de importantă ca și exprimarea propriilor sentimente în soluționarea conflictelor. Încercați să înțelegeți punctul de vedere al partenerului și să vă puneti în locul său.

De exemplu, dacă partenerul dvs. se simte neglijat pentru că petreceți prea mult timp la serviciu, puteți spune: "Îmi pare rău că te simți neglijat din cauza programului meu încărcat. Voi încerca să îmi fac timp pentru noi mai mult în viitor."

3. Găsirea soluțiilor în mod colaborativ: În loc să căutați vinovați sau să încercați să câștigați argumentele, colaborați cu partenerul dvs. pentru a găsi soluții care să fie satisfăcătoare pentru ambele părți.
De exemplu, dacă aveți conflicte în privința împărțirii sarcinilor casnice, puteți face un plan împreună pentru a distribui responsabilitățile în mod echitabil și eficient.

4. Menținerea respectului și compasiunii: Este important să rămâneți respectuoși și iubitori unul față de celălalt, chiar și în mijlocul unui conflict. Evitați atacurile personale sau comportamentul defensiv și încercați să luați în considerare sentimentele și nevoile partenerului dvs.
De exemplu, în loc să folosiți critici și acuze în timpul unui conflict, puteți spune: "Îmi pare rău că te-am făcut să te simți neimportant. Îmi pasă de tine și de relația noastră și vreau să lucrăm împreună pentru a găsi o soluție."

Soluționarea conflictelor în relații necesită o comunicare deschisă și sinceră, ascultare activă, colaborare și respect reciproc. Prin aplicarea acestor strategii și abordări înțelepte, puteți depăși conflictele în relația dvs. și puteți construi o legătură mai puternică și mai armonioasă cu partenerul dvs.

Relațiile interpersonale sunt adesea supuse tensiunii și conflictului. Fie că este vorba de relații de cuplu, de familie, de prietenie sau de colegialitate, diferite opinii, neînțelegeri și diversitatea de personalități pot duce la tensiuni și conflicte.

Gestionarea tensiunilor în relații este esențială pentru menținerea unei comunicări sănătoase și a unei conexiuni autentice între oameni.

Iată câteva strategii eficiente în acest sens:

- Comunicare deschisă și sinceră: Este important să vorbiți deschis și sincer despre sentimentele și nevoile voastre. Ascultați și încercați să înțelegeți punctul de vedere al celuilalt fără să judecați sau să criticați.

- Empatie și înțelegere: Încercați să vă puneți în locul celuilalt și să înțelegeți de ce se simte așa cum se simte. Empatia poate reduce tensiunea și poate contribui la soluționarea conflictului.

- Găsirea unui teren comun: Identificați punctele pe care le aveți în comun și construiți pe acestea. Găsirea unui teren comun poate contribui la reducerea tensiunii și la consolidarea relației.

- Rezolvarea conflictelor în mod constructiv: În loc să evitați conflictul, încercați să îl abordați în mod constructiv. Ascultați punctele de vedere ale ambelor părți și căutați soluții care să satisfacă nevoile fiecăruia.

- Respect reciproc: Respectul reciproc este esențial în orice relație. Tratați-vă unul pe celălalt cu respect și înțelegere, chiar și atunci când sunteți în dezacord.

- Cautați ajutor profesionist: Dacă tensiunile din relația voastră devin copleșitoare sau nu puteți ajunge la o soluție în mod autonom, nu ezitați să căutați ajutor profesionist. Un terapeut sau un consilier vă pot oferi perspective noi și strategii eficiente pentru gestionarea conflictelor.

Gestionarea tensiunilor în relații necesită efort și angajament din partea ambelor părți, dar poate contribui la întărirea legăturii voastre și la construirea unei relații mai sănătoase și mai armonioase.

Gestionarea tensiunilor în relații este un aspect crucial pentru menținerea unei relații sănătoase și echilibrate. Există mai multe modalități de a gestiona tensiunile în relații, iar unele dintre acestea includ comunicarea deschisă și sinceră, rezolvarea conflictelor în mod constructiv, încurajarea empatiei și înțelegerii reciproce și lucrul în echipă pentru a găsi soluții.

Iată câteva exemple concrete de gestionare a tensiunilor în relații:

1. Comunicarea deschisă și sinceră.Oferirea feedback-ului cu tact și onestitate poate ajuta la evitarea acumulării de tensiuni în relație. Să ne gândim la un cuplu care se confruntă cu probleme financiare. În loc să își ascundă frustarea și nemulțumirea, cei doi parteneri pot alege să discute deschis despre preocupările lor și să găsească împreună soluții pentru a face față situației.

2. Rezolvarea conflictelor în mod constructiv.Un alt exemplu ar fi două persoane care au opinii diferite cu privire la un anumit subiect. În loc să intre într-o dispută sau să ignore problema, aceste persoane ar putea alege să își exprime părerile într-un mod calm și respectuos, să asculte perspectiva celuilalt și să găsească un compromis sau o soluție care să fie acceptabilă pentru ambele părți.

3. Încurajarea empatiei și înțelegerii reciproce.În relații de orice tip, este important să ne punem în locul celuilalt și să încercăm să înțelegem de ce se simte sau acționează așa cum o face.
De exemplu, într-o relație părinte-copil, un părinte ar putea să își pună în discuție perspectivele și așteptările și să încerce să vadă situația din perspectiva copilului, pentru a găsi soluții care să fie benefice pentru ambele părți.

4. Lucrul în echipă pentru a găsi soluții: Într-o relație de parteneriat sau într-o echipă de muncă, este important să colaborăm și să lucrăm împreună pentru a găsi soluții pentru problemele sau provocările cu care ne confruntăm.

De exemplu, colegii de muncă care au opinii diferite cu privire la modul în care ar trebui să fie abordată o anumită sarcină pot alege să se consulte și să colaboreze pentru a identifica cea mai bună soluție posibilă.

Prin aplicarea acestor strategii și prin încurajarea unei comunicări sănătoase și a unei atitudini deschise și respectuoase în relații, putem gestiona mai eficient tensiunile și conflictelor care pot apărea și putem menține legăturile noastre sănătoase și armonioase.

Comunicarea deschisă și constructivă joacă un rol crucial în relațiile noastre interpersonale. Este important să fim capabili să ne exprimăm în mod clar și sincer, dar și să ascultăm cu atenție și să fim deschiși la feedback.

Pentru a învăța să comunicăm deschis și constructiv, este important să fim sinceri cu noi înșine în primul rând. Trebuie să fim conștienți de propriile noastre emoții și să ne exprimăm nevoile și gândurile în mod clar și direct.

De asemenea, este esențial să fim empatici și să ascultăm cu atenție perspectivele celorlalți. Este important să ne punem în locul lor și să încercăm să înțelegem de ce simt sau gândesc anumite lucruri.

În plus, este important să fim deschiși la feedback și să încercăm să vedem în criticile sau sugestiile celorlalți oportunități de creștere și îmbunătățire.

Comunicarea deschisă și constructivă poate ajuta la stabilirea unei baze solide în relațiile noastre, la rezolvarea conflictelor și la creșterea înțelegerii și conectării cu ceilalți. Este important să practicăm aceste abilități în mod constant și să ne străduim să fim mai buni comunicatori în fiecare zi.

Comunicarea deschisă și constructivă în relații este extrem de importantă pentru o relație sănătoasă și armonioasă.

Iată câteva sfaturi și exemple pentru a învăța să comunici deschis și constructiv în relații:

1. Ascultă cu atenție: Atunci când partenerul tău vorbește, fii atent și ascultă cu adevărat. Nu îl întrerupe și nu te grăbi să îți exprimi părerea. Fii deschis la ceea ce spune și încearcă să înțelegi perspectiva lui.
Exemplu: "Îmi pare rău că te simți frustrat că nu am petrecut timp împreună în ultima perioadă. Voi încerca să găsim mai mult timp pentru a fi împreună."

2. Exprimă-ți sentimentele și trăirile: Nu-ți fie teamă să îți exprimi sentimentele și nevoile într-un mod sincer și deschis. Spune-i partenerului tău cum te simți și de ce te simți așa.
Exemplu: "Mă simt neglijat când nu ai timp pentru mine sau când nu îți faci timp să îmi asculți problemele. Aprecierea și atenția ta sunt importante pentru mine."

3. Evită limbajul ofensiv sau acuzator: În loc să folosești un limbaj defensiv sau agresiv, încearcă să îți exprimi gândurile și sentimentele într-un mod cald și constructiv.

Exemplu: "Aș vrea să discutăm despre cum ne putem întări legătura și cum putem face ca fiecare să se simtă mai împlinit în relația noastră."

4. Fii empatic: Arată înțelegere și empatie față de sentimentele și nevoile partenerului tău. Încurajează-l să își exprime gândurile și trăirile fără teamă de judecată.

Exemplu: "Înțeleg că ai fost ocupat și stresat în ultima perioadă. Cât timp poți aloca pentru noi pentru a ne reconecta?"

Comunicarea deschisă și constructivă în relații este esențială pentru a construi și menține o relație sănătoasă și fericită. Prin ascultare activă, exprimare sinceră a sentimentelor și empatie față de nevoile partenerului, vei putea construi o comunicare mai profundă și mai autentică în relația ta.

Rezolvarea problemelor într-un mod constructiv presupune abordarea acestora cu o atitudine pozitivă și concentrarea pe găsirea soluțiilor, în loc de focalizarea pe aspectele negative sau pe găsirea vinovaților.

Este important să ai o abordare rațională și să nu fii dominat de emoții sau de impulsuri negative atunci când te confrunți cu dificultăți.

Primul pas în rezolvarea unei probleme este să o identifici și să o înțelegi în profunzime. Este important să analizezi cu atenție circumstanțele și factorii implicați în problema respectivă pentru a putea identifica cauzele care au dus la apariția acesteia. Apoi, trebuie să-ți propui obiective clare și realiste pentru rezolvarea problemei, stabilind strategiile și acțiunile necesare pentru atingerea acestor obiective.

În procesul de rezolvare a unei probleme, este important să fii deschis la idei noi și la perspective diferite, să fii dispus să iei în considerare soluții alternative și să colabori cu ceilalți pentru a găsi cea mai bună soluție posibilă. Comunicarea eficientă și capacitatea de a lucra în echipă sunt extrem de importante în acest proces.

De asemenea, este esențial să fii flexibil și să fii dispus să faci ajustări în cadrul planului tău de acțiune în funcție de evoluția situației și de feedback-ul primit. Nu este neapărat să îți fie rușine să ceri ajutor sau să consulți alte persoane cu experiență sau competențe relevante pentru a obține sugestii și sfaturi în rezolvarea problemelor.

Este important să nu te descurajezi în fața dificultăților și să rămâi concentrat și hotărât în căutarea soluției potrivite.De asemenea important să fii empatic și să ții cont de impactul pe care deciziile tale îl pot avea asupra celorlalți.

Rezolvarea problemelor într-un mod constructiv te va ajuta nu doar să depășești dificultățile cu care te confrunți, ci și să crești ca persoană și să devii mai eficient în gestionarea situațiilor de conflict sau de criză. Practicarea abordării constructive în rezolvarea problemelor te va ajuta să devii mai auto-determinat, independent și încrezător în propriile capacități de a face față oricăror provocări.

Cum poți învăța să rezolvi problemele într-un mod constructiv în relații:

1. Comunică deschis și sincer: O componentă esențială în rezolvarea problemelor în relații este comunicarea. Fii deschis și sincer cu partenerul tău și exprimă clar cum te simți și ce anume te deranjează.

Exemplu: Dacă te deranjează faptul că partenerul tău întârzie mereu la întâlniri, spune-i deschis cât de important este pentru tine să fii respectat și să îți arate că îi pasă de timpul tău.

2. Ascultă cu atenție: În timp ce îți exprimi nemulțumirile, asigură-te că îi oferi și partenerului tău șansa de a-și exprima punctul de vedere. Ascultă-l cu atenție și încearcă să înțelegi de ce a apărut problema și care sunt motivele din spatele comportamentului său.

Exemplu: Dacă partenerul tău consideră că întârzierea este justificată din diverse motive, ascultă-l înainte de a-ți exprima părerea ta și încercați împreună să găsiți o soluție care să mulțumească ambele părți.

3. Gândește-te la soluții constructive: În loc să acuzi sau să arăți cu degetul, încercați să identificați împreună soluții constructive pentru problema în cauză. Fii deschis la compromisuri și încercați să găsiți un consens care să satisfacă ambele părți.
Exemplu: Dacă întârzierea partenerului tău este cauzată de traficul aglomerat, puteți încerca să stabiliți împreună un program mai flexibil sau să găsiți modalități alternative de a evita întârzierea, cum ar fi plecarea mai devreme de acasă.

Pentru a rezolva problemele într-un mod constructiv în relații, este important să comunici deschis și sincer, să asculți cu atenție și să gândești la soluții care să satisfacă ambele părți. Prin abordarea problemelor cu înțelegere și respect reciproc, vei putea consolida legătura cu partenerul tău și vei construi o relație sănătoasă și armonioasă.

Este important să fii deschis la comunicare și să fii dispus să asculți și să îți schimbi perspectiva pentru a găsi soluții în cadrul relației.

Fiecare persoană are propriile nevoi, temeri și dorințe, iar este important să fii dispus să le înțelegi și să găsești soluții împreună pentru a vă susține reciproc. Comunicarea sinceră și deschisă este cheia în orice relație și poate ajuta la rezolvarea conflictelor și la întărirea legăturii dintre parteneri. Nu ezita să îți exprimi sentimentele și să asculți cu atenție ceea ce partenerul tău are de spus, pentru a găsi soluții care să vă aducă mai aproape unul de celălalt.

Asigurarea unui mediu deschis și receptiv este crucială atunci când încercăm să găsim soluții în cadrul unei relații. Astfel, este important să fii dispus să asculți cu atenție punctele de vedere, grijile și nevoile partenerului tău. Acest lucru înseamnă să fii prezent cu adevărat în conversație, să acorzi atenție nu doar cuvintelor rostite, ci și limbajului non-verbal al celuilalt.

Fii dispus să întrebi și să primești feedback despre modul în care te raportezi la partenerul tău și la relație, pentru a identifica posibile probleme sau neînțelegeri. Este important să demonstrezi empatie și să încerci să înțelegi punctul de vedere al celuilalt, chiar dacă nu ești de acord cu el.

Mai mult decât atât, este esențial să fii deschis la schimbare și la compromisuri pentru a găsi soluții care să satisfacă nevoile ambilor parteneri. Caută soluții creative și constructive, și fii dispus să depui efort pentru a îmbunătăți relația pe termen lung.

Ascultarea este o parte esențială a unei relații sănătoase, deoarece permite comunicarea eficientă și rezolvarea problemelor în mod constructiv. Atunci când suntem dispuși să ascultăm partenerul și să încercăm să înțelegem punctul său de vedere, putem găsi soluții care să satisfacă ambele părți.

De exemplu, să presupunem că partenerul se plânge că nu petrec suficient timp împreună din cauza programelor încărcate ale ambilor. În această situație, poți asculta cu atenție preocupările sale și puteți lucra împreună pentru a găsi soluții, cum ar fi programând activități speciale sau stabilind priorități clare în ceea ce privește timpul petrecut împreună.

În alt caz, poate că partenerul se simte neglijat sau neapreciat în relație. Ascultând cu empatie și deschidere la ceea ce spune, poți descoperi moduri de a îmbunătăți comunicarea și de a arăta mai multă recunoștință și atenție.

În esență, să fii dispus să asculți înseamnă să fii deschis la sentimentele și nevoile partenerului tău și să încerci să găsești soluții împreună pentru a îmbunătăți relația voastră. Este o modalitate eficientă de a construi încredere și conexiune în cuplu.

Este important să fii deschis și să fii dispus să îți schimbi perspectiva în relație pentru a găsi soluții la eventualele probleme sau dificultăți întâmpinate. Poate fi util să încerci să vezi situația din punctul de vedere al partenerului și să îți pui întrebarea cum ai reacționa în locul lui. Comunicarea deschisă și sinceră, înțelegerea reciprocă și dorința de a găsi soluții împreună pot contribui la consolidarea relației și la rezolvarea conflictelor. Este important să fii deschis la compromisuri și să îți pui întotdeauna relația înaintea orgoliului sau a ego-ului personal.

Schimbarea perspectivei în cadrul relației poate fi un pas important și benefic pentru ambele părți implicate. Acest lucru implică în primul rând o deschidere către a vedea situația dintr-un unghi diferit, punându-te în locul partenerului și încercând să înțelegi sentimentele și motivele acestuia.

Atunci când îți schimbi perspectiva, poți observa aspecte și detalii pe care nu le-ai fi sesizat înainte, deschizând astfel calea către găsirea unor soluții mai eficiente și constructive pentru relație. Este important să fii dispus să îți examinezi atât propriile acțiuni și gânduri, cât și să accepți feedback-ul și opiniile partenerului.

Un alt aspect important al schimbării perspectivei este comunicarea deschisă și sinceră. Este crucial să fii dispus să îți exprimi cu calm și clar nevoile și dorințele tale, dar și să asculți cu atenție și empatie ceea ce are de spus partenerul tău.

În acest fel, veți putea crea un mediu de înțelegere și încredere în care puteți lucra împreună pentru a rezolva problemele și a consolida relația.

De asemenea, este important să îți păstrezi atitudinea pozitivă și să fii deschis către compromisuri și soluții creative. Fiecare relație are provocările și obstacolele ei, dar cu o abordare matură și cu gândirea în perspectivă, puteți depăși împreună orice dificultăți și construi o relație sănătoasă și armonioasă.

Schimbarea perspectivei în cadrul relației poate fi un proces provocator, dar cu potențialul de a aduce schimbări pozitive și benefice. Fiind deschis și flexibil, vei putea descoperi soluții și modalități noi de a vă conecta și de a vă consolida legătura cu partenerul tău.

Dacă vrei să găsești soluții în cadrul relației, este important să fii dispus să îți schimbi perspectiva și să încerci să vezi situația dintr-un unghi diferit.

Iată câteva exemple de cum poți face acest lucru:

1. Comunicare deschisă și onestă: În loc să presupui motivele sau intențiile partenerului tău, încearcă să îi întrebi cum se simte și de ce a reacționat într-un anumit fel. Ascultă cu atenție și fără judecată, iar apoi exprimă-ți și tu sincer sentimentele și nevoile tale.

2. Empatie și înțelegere: Încercă să îți pui în locul partenerului și să încerci să înțelegi de ce anumite lucruri îl afectează sau îl deranjează.

Fă efortul să îți imaginezi cum s-ar simți în situația lui și cum ai putea să îl ajuți să treacă peste dificultățile pe care le întâmpină.

3. Găsirea compromisului: O relație sănătoasă se bazează pe compromisuri și găsirea unor soluții comune. Fii deschis să găsești calea de mijloc în situațiile de conflict și să fii dispus să renunți la unele lucruri în favoarea unei relații armonioase.

4. Lucrul în echipă: În loc să îți asumi că tu ești singurul care poate găsi soluțiile, implică-ți partenerul în procesul de rezolvare a problemelor. Lucrați împreună ca echipă pentru a identifica cauzele conflictului și pentru a găsi soluțiile potrivite.

Este important să îți amintești că relațiile sunt un proces constant de învățare și creștere, iar schimbarea perspectivelor și adaptarea la nevoile și dorințele partenerului sunt cheia pentru a menține o relație sănătoasă și fericită.

Va propun 10 exercitii practice pentru soluționarea conflictelor și gestionarea tensiunilor în relații.

1. Comunicarea eficientă - este important să exprimi clar și deschis gândurile și sentimentele tale pentru a evita neînțelegerile.
De exemplu, în loc să presupui motivele comportamentului partenerului tău, discută deschis cu el/ea despre cum te simți și cum poate fi rezolvată situația.

2. Ascultarea empatică - este esențial să fii atent la nevoile și sentimentele celuilalt în timpul unei discuții pentru a putea găsi o soluție echitabilă pentru ambele părți.
De exemplu, ascultă cu atenție ce are de spus partenerul tău fără să-l întrerupi sau să îl critici.

3. Găsirea unor soluții comune - în loc să te concentrezi pe câștigarea sau pierderea unei dispute, încercați să lucrați împreună pentru a ajunge la o soluție care să satisfacă ambele părți.
De exemplu, în loc să încerci să impui propriile tale idei, fii deschis la sugestiile partenerului tău și încercați să găsiți cea mai bună variantă pentru amândoi.

4. Gestionarea emoțiilor - în momentele de conflict este important să îți păstrezi calmul și să nu reacționezi impulsiv.
De exemplu, în loc să răspunzi cu furie sau agresivitate, încearcă să iei o pauză și să revii la discuție când te simți mai calm și pregătit să abordezi problema.

5. Negocierea - pentru a evita escaladarea unui conflict și a ajunge la un compromis, este important să fii dispus să negociezi și să faci concesii.

De exemplu, discută cu partenerul tău despre ce aspecte sunt negociabile și cum puteți ajunge la un consens.

6. Respectul reciproc - în relații, este esențial să te comporți cu respect față de partenerul tău și să îl tratezi așa cum îți dorești să fii tratat.

De exemplu, evită folosirea unui limbaj dur sau insulte în timpul unei discuții și fii deschis la opiniile și sentimentele celuilalt.

7. Rezolvarea problemelor în echipă - este important să abordați un conflict împreună și să lucrați ca o echipă pentru a găsi soluții.

De exemplu, împărțiți responsabilitățile și încercați să găsiți un plan de acțiune pe care amândoi să îl urmați pentru a rezolva problema.

8. Găsirea unor activități comune de relaxare - uneori, tensiunile în relații pot fi reduse prin petrecerea timpului împreună și practicarea activităților care vă aduc bucurie și relaxare.

De exemplu, puteți merge la o plimbare în natură sau să vizionați un film împreună pentru a vă destinde.

9. Consilierea de cuplu - în situațiile în care conflictul devine persistent și nu puteți găsi o soluție singuri, puteți apela la un terapeut de cuplu pentru a vă ajuta să comunicați mai eficient și să găsiți modalități de rezolvare a problemelor.

10. Îmbrățișarea și acceptarea diferitelor puncte de vedere - în loc să încerci să schimbi sau să controlezi comportamentul partenerului tău, fii deschis la acceptarea diferențelor dintre voi și să exploatați aceste diferențe pentru a vă completa reciproc.
De exemplu, în loc să încerci să impui propriile tale idei, ascultă și acceptă opiniile și nevoile partenerului tău.

"Nu există cale de a evita conflictele în relații; cheia este cum le gestionăm și cum le rezolvăm." - Ayn Rand

Capitolul 9: Încurajarea creșterii personale și a dezvoltării relației .

- Sprijină-ți partenerul în obiectivele și pasiunile sale.
- Fii dispus să te dezvolți și să crești împreună cu partenerul tău.

Încurajarea creșterii personale și a dezvoltării relației este un aspect foarte important în viața noastră, deoarece ne permite să evoluăm, să ne dezvoltăm și să ne îmbunătățim constant atât pe plan personal, cât și în relația cu cei din jurul nostru.

Când încurajăm creșterea personală a cuiva, îi arătăm că suntem acolo pentru el sau ea, că suntem interesați de dezvoltarea sa și că suntem gata să îl sprijinim și să îl susținem în parcurgerea acestui proces. O astfel de atitudine poate fi extrem de benefică pentru celălalt, deoarece îl motivează să își depășească limitele, să își descopere potențialul și să se autodepășească.

De asemenea, încurajarea dezvoltării relației este la fel de importantă. Atunci când încurajăm dezvoltarea unei relații, ne asigurăm că aceasta va crește și se va întări în timp. Comunicarea deschisă, sinceră și empatică, susținerea reciprocă și colaborarea sunt doar câteva dintre elementele esențiale în dezvoltarea unei relații sănătoase și armonioase.

Prin încurajarea creșterii personale și a dezvoltării relației, nu doar că ne ajutăm pe noi înșine și pe cei din jurul nostru să crească și să se dezvolte, dar contribuim și la îmbunătățirea calității vieții noastre și a fericirii noastre.Este important să ne amintim că creșterea personală și dezvoltarea relațiilor nu sunt proiecte de scurtă durată, ci eforturi continue și angajamente pe termen lung care necesită investiție de timp, energie și resurse, dar care vor aduce cu siguranță roadele dorite.

Iată câteva modalități prin care poți face acest lucru:

1. Fiți deschiși la schimbare și să vă susțineți reciproc în eforturile de a vă îmbunătăți și a vă atinge obiectivele personale.

2. Încurajați-vă unul pe altul să vă urmați pasiunile și interesele individuale, sprijinindu-vă reciproc în realizarea acestora.

3. Comunicați deschis și sincer despre nevoile și dorințele voastre, lucrând împreună pentru a găsi soluții la eventualele provocări sau obstacole.

4. Petreceți timp în mod regulat împreună, pentru a vă consolida legătura și a vă conecta la un nivel mai profund.

5. Recunoașteți și apreciați progresele și realizările personale ale partenerului vostru, exprimându-vă recunoștința și mândria față de acestea.

Prin susținerea și încurajarea creșterii personale și a dezvoltării relației, veți crea un mediu de susținere reciprocă și de conexiune profundă, care va întări legătura voastră în timp și vă va ajuta să vă atingeți potențialul maxim în viață și în relație.

Încurajarea creșterii personale într-o relație este esențială pentru a avea o relație sănătoasă și fericită. Atunci când partenerii se susțin reciproc în procesul de dezvoltare personală, ei își pot depăși limitele și pot deveni cea mai bună versiune a lor înșiși.

Una dintre cele mai importante modalități de a încuraja creșterea personală în relație este să se comunice deschis și sincer. Partenerii trebuie să fie sinceri unul cu celălalt în privința așteptărilor, dorințelor și nevoilor lor personale. În același timp, ei trebuie să își ofere sprijinul și încurajarea reciprocă pentru a-și atinge obiectivele și pentru a depăși obstacolele.

De asemenea, este important ca partenerii să își împărtășească experiențele și să își ofere feedback constructiv unul altuia.

Învățarea din greșeli și din eșecuri este un aspect important al creșterii personale, iar atunci când partenerii își oferă suport reciproc în aceste momente, ei pot deveni mai puternici și mai încrezători.

În plus, dezvoltarea obiceiurilor sănătoase și a rutinelor care să sprijine creșterea personală este crucială într-o relație.

Fie că este vorba de practicarea exercițiilor fizice, deînțelegeri noi hobby-uri sau de citit cărți motivaționale împreună, susținerea reciprocă în adoptarea acestor obiceiuri poate avea un impact pozitiv asupra relației și asupra stării generale de bine a partenerilor.

Încurajarea creșterii personale într-o relație este un aspect esențial pentru a construi o conexiune puternică și durabilă între parteneri. Prin comunicare deschisă, oferirea de feedback constructiv și sprijin reciproc în atingerea obiectivelor personale, partenerii pot să se dezvolte împreună și să își construiască împreună un viitor mai bun.

Încurajarea creșterii personale într-o relație este un aspect extrem de important pentru o relație sănătoasă și fericită. Înțelegând nevoile și dorințele partenerului și oferindu-i suport și încurajare în eforturile lor de autocunoaștere și dezvoltare personală, se poate întări legătura dintre cei doi și se poate crea un mediu în care amândoi să crească și să evolueze împreună.

Iată câteva moduri în care poți încuraja creșterea personală în relație:

- Fii un ascultător empatic: Ofere partenerului tău spațiul și timpul necesar pentru a-și exprima gândurile, sentimentele și dorințele. Ascultă cu atenție, fără să judeci sau să încerci să rezolvi problemele lor în locul lor. Fii un sprijin emoțional și arată-ți interesul pentru ceea ce au de spus.

- Încurajează inițiativele lor: Sprijină-ți partenerul în eforturile lor de a-și atinge obiectivele și visele. Încurajează-i să-și urmeze pasiunile și să-și dezvolte talentele. Oferă-le feedback pozitiv și încurajator, și fii alături de ei în momentele dificile.

- Fii un model de creștere personală: Devenind un exemplu de dezvoltare personală și autocunoaștere, îi poți inspira și motiva pe cei din jurul tău să facă același lucru. Demonstrează-ți angajamentul față de creșterea ta personală și împărtășește-le cu partenerul tău experiențele și lecțiile învățate în procesul tău de dezvoltare.

- Încurajează schimbul de idei și perspective: Încurajează conversațiile deschise și oneste cu partenerul tău, în care să discutați despre valorile, credințele și dorințele voastre. Ascultă și înțelege perspectiva lor și fi dispus să îți schimbi părerea în urma discuțiilor.

- Sprijină-i în provocările lor: Oferă-le suport și încurajare în momentele dificile și încurajează-i să-și depășească fricile și limitele. Fii alături de ei în eforturile lor de a-și depăși obstacolele și încurajează-i să vadă fiecare dificultate ca pe o oportunitate de creștere și învățare.

Încurajarea dezvoltării relației este un aspect esențial în orice tip de relație, fie că vorbim despre relația de cuplu, de familie, de prietenie sau de colegialitate. Pentru a construi și menține o relație sănătoasă și fericită, este important să încurajăm dezvoltarea acesteia în mod constant și activ.

Încurajarea dezvoltării relației presupune acordarea de atenție și timp partenerului sau partenerilor noștri, demonstrându-le că le punem într-adevăr sufletul în relație și că suntem interesați de evoluția ei. Este important să fim sinceri și deschiși în comunicare, să ne exprimăm nevoile și dorințele noastre, dar și să fim receptivi la nevoile și dorințele celorlalți.

Un alt aspect important al încurajării dezvoltării relației este stabilitatea și încrederea reciprocă. Este esențial să construim o bază solidă de încredere între noi și partenerii noștri, să fim consecvenți în acțiunile noastre și să ne susținem reciproc în momentele dificile.

De asemenea, este important să fim deschiși la schimbare și să ne adaptăm constant la nevoile și evoluția partenerilor noștri. Este important să oferim sprijin și încurajare reciprocă în momentele de schimbare și să ne străduim să creștem împreună în relație.

 Cu ajutorul unei atitudini pozitive și deschise, putem construi relații sănătoase și fericite, în care să ne simțim împliniți și susținuți de partenerii noștri.

Sprijinul acordat partenerului în atingerea obiectivelor și urmărirea pasiunilor sale poate fi extrem de benefic atât pentru el, cât și pentru relație în ansamblul ei. Atunci când ne implicăm activ în îndeplinirea viselor și aspirațiilor persoanei iubite, nu facem doar un gest de generozitate, ci consolidăm și întărim legătura dintre noi.

Un partener care își găsește sprijinul în cel de lângă el se simte mai încrezător, mai motivat și mai determinat să-și atingă obiectivele. La rândul nostru, atunci când îl susținem necondiționat și îl încurajăm în demersurile sale, ne simțim și noi mai împliniți și mai fericiți. Este o relație de reciprocitate benefică, în care fiecare are de câștigat.

De asemenea, sprijinindu-ne partenerul în obiectivele și pasiunile sale, ne arătăm deschiderea și disponibilitatca de a crește și evolua împreună. Ne demonstrăm capacitățile de a face față provocărilor în tandem, de a ne susține reciproc în creșterea personală și să ne dezvoltăm în același timp ca individ și ca cuplu.

În plus, sprijinul acordat partenerului ne permite să ne conectăm mai profund și să ne cunoaștem mai bine unul pe celălalt. În momentele de vulnerabilitate sau de realizare, ne putem arăta adevăratele noastre emoții și sentimente, consolidând astfel legătura dintre noi.

Sprijinirea partenerului în obiectivele și pasiunile sale este un pilon esențial al unei relații sănătoase și echilibrate.

Prin implicarea noastră activă în îndeplinirea viselor și aspirațiilor celuilalt, nu facem doar bine lui, ci și nouă și relației noastre în ansamblu. Așadar, este important să ne susținem reciproc în călătoria noastră către autodezvoltare și împlinire personală.

Sprijinirea partenerului în obiectivele și pasiunile sale este un aspect important al unei relații sănătoase și fericite. Este esențial să îi arăți partenerului tău că ești alături de el în eforturile sale de a-și atinge obiectivele și că îți pasă de pasiunile sale.

Un exemplu de sprijinire a partenerului în obiectivele sale ar putea fi să îl încurajezi să se înscrie la un curs sau să urmeze o formare pentru a-și dezvolta abilitățile și cunoștințele într-un anumit domeniu. Poți să îl susții financiar sau logistic în acest demers și să fii acolo pentru el atunci când are nevoie de încurajare sau sfaturi.

În ceea ce privește pasiunile partenerului, poți să îl încurajezi să se implice în activități sau proiecte care îl fac fericit și împlinit. De exemplu, dacă partenerul tău iubește să cânte, poți să îl încurajezi să se alăture unei trupe sau să își îmbunătățească abilitățile de cântăreț. Poți să îl susții participând la spectacolele sau evenimentele la care cântă sau să îl ajuți să înregistreze și să își promoveze muzica.

Prin implicarea ta activă și susținerea constantă, vei consolida legătura dintre voi și veți crește împreună ca indivizi și ca cuplu.

Este foarte important să fii dispus să te dezvolți împreună cu partenerul într-o relație, deoarece creșterea personală și evoluția sunt aspecte fundamentale pentru o relație sănătoasă și echilibrată. Atunci când amândoi sunteți deschiși să învățați unul de la celălalt și să vă susțineți reciproc în procesul de creștere, relația voastră are toate șansele să devină profundă și semnificativă.

Dezvoltarea în cuplu înseamnă că sunteți dispuși să vă deschideți unul celuilalt, să vă împărtășiți gândurile, dorințele și temerile, să vă ascultați și să vă susțineți reciproc în atingerea obiectivelor personale și profesionale. Este important să vă acceptați unul pe celălalt așa cum sunteți și să vă susțineți în procesul de creștere și transformare.

Este esențial să comunicați deschis și sincer în relație, să vă exprimați nevoile și să găsiți soluții împreună pentru problemele care apar. În plus, este important să vă susțineți reciproc în momentele dificile și să vă încurajați unul pe celălalt să vă depășiți limitele și să vă îndepliniți potențialul.

Dezvoltarea în cuplu presupune să fiți deschiși la schimbare, să vă susțineți reciproc în procesul de creștere și să vă construiți un parteneriat solid și empatic bazat pe încredere, respect și iubire. Atunci când sunteți gata să vă dezvoltați împreună cu partenerul în relație, veți descoperi că sunteți în măsură să trăiți experiențe extraordinare și să vă bucurați de o conexiune autentică și profundă.

Dezvoltarea împreună cu partenerul într-o relație este un proces fundamental și esențial pentru creșterea și consolidarea acesteia. Este important ca amândoi să fie deschiși și dispuși să-și continue evoluția personală și să sprijine, să încurajeze și să susțină schimbările și progresul celuilalt.

Pentru a realiza o dezvoltare sănătoasă într-o relație, este esențial să existe o comunicare deschisă și sinceră între parteneri. Aceasta înseamnă să ne exprimăm sentimentele, fricile, nevoile și dorințele noastre, dar și să ascultăm cu atenție și să fim empatici față de ceea ce simte și trăiește celălalt.

Important este ca fiecare partener să-și asume responsabilitatea pentru propria dezvoltare și să își stabilească obiective și planuri de acțiune pentru a-și atinge acele obiective. Este benefic să ne sprijinim reciproc în atingerea acestor obiective, să ne încurajăm și să ne motivăm unul pe celălalt să depășim limitele și să ne dezvoltăm continuu.

Este important să fim deschiși la schimbare și să ne adaptăm la noile circumstanțe și provocări care pot apărea în cadrul relației.

Este normal ca uneori să existe conflicte sau neînțelegeri, însă esențial este să găsim soluții și să lucrăm împreună pentru a depăși aceste obstacole și a ne dezvolta împreună ca indivizi și ca cuplu.

Prin lucrul împreună la propria dezvoltare și sprijinindu-ne reciproc în acest proces, putem construi o relație puternică, bazată pe respect, încredere și înțelegere reciprocă. Iar acest lucru ne va permite să creștem și să evoluăm împreună ca indivizi și să avem o relație sănătoasă și fericită pe termen lung.

Dezvoltarea împreună cu partenerul într-o relație este un proces continuu și necesită dedicare, comunicare deschisă și încredere reciprocă. Este important să fii dispus să te adaptezi și să înveți împreună cu partenerul în diferite aspecte ale vieții voastre.

Un exemplu de dezvoltare împreună cu partenerul ar putea fi implicarea ambilor în creșterea profesională. De exemplu, puteți să vă setați obiective de carieră și să vă susțineți reciproc în atingerea acestora. Poate că unul dintre voi își dorește să își schimbe cariera sau să își îmbunătățească abilitățile prin cursuri sau traininguri, iar celălalt poate oferi suport emoțional și logistic în această perioadă.

Dezvoltarea într-o relație poate însemna și explorarea unor hobby-uri sau pasiuni comune. De exemplu, puteți începe să practicați un sport sau să luați lecții de dans împreună. Aceste activități vă pot ajuta să vă apropiați și să vă relaxați împreună, dar și să vă descoperiți și să vă dezvoltați noi interese.

Un alt aspect important al dezvoltării împreună într-o relație este comunicarea deschisă și sinceră. Este important să puteți discuta despre nevoile, dorințele și temerile voastre fără teama de a fi judecați sau criticați.

Prin comunicare constantă și asumarea responsabilității pentru propriile emoții și acțiuni, puteți construi o relație mai puternică și mai sănătoasă. Dezvoltarea împreună cu partenerul înseamnă să vă susțineți reciproc în dezvoltarea personală și să vă uniți forțele pentru a crea o relație fericită și împlinitoare. Este important să aveți încredere unul în celălalt, să vă susțineți visurile și să luptați împreună împotriva obstacolelor care vă stau în cale. Cu dedicare și determinare, puteți crește și evolua împreună într-un mod frumos și constructiv.

Creșterea împreună cu partenerul într-o relație este un proces continuu și profund care necesită angajament, comunicare deschisă și susținere reciprocă. Este important să fii dispus să aloci timp și energie pentru a vă dezvolta și a evolua împreună în diverse aspecte ale vieții voastre.

Esențial să aveți un obiectiv comun și să vă sprijiniți unul pe celălalt în atingerea acestuia. Acest obiectiv poate fi de natură personală, profesională sau emoțională, și trebuie să fie stabilite împreună în funcție de valorile și prioritățile voastre comune. De asemenea, este important să fiți deschiși să vă adaptați și să învățați din experiențele și provocările care apar pe parcursul relației.

Comunicarea deschisă și sinceră joacă, de asemenea, un rol crucial în creșterea împreună într-o relație. Este important să vă exprimați emoțiile, nevoile și dorințele unul față de celălalt într-un mod empatic și respectuos.

Ascultarea activă și empatia sunt cheia unei comunicări eficiente în cuplu, iar abilitatea de a vă pune în locul celuilalt și de a înțelege punctul său de vedere va consolida legătura voastră.

Nu în ultimul rând, susținerea reciprocă și încurajarea în momentele dificile sunt cruciale pentru a crește împreună într-o relație. Este important să fiți alături unul de celălalt atunci când vă confruntați cu obstacole sau dificultăți, să vă oferiți suport emoțional și să vă încurajați unul pe celălalt să depășiți aceste provocări împreună.

Creșterea împreună într-o relație este un proces continuu și dinamic care necesită dedicare, comunicare și susținere reciprocă. Prin implicarea activă și deschisă în acest proces, veți putea dezvolta o legătură profundă și solidă în care amândoi aveți posibilitatea să vă realizați potențialul maxim și să vă sprijiniți reciproc în călătoria voastră de creștere personală și relațională.

Dezvoltarea și creșterea împreună cu partenerul într-o relație este un proces continuu și benefic pentru ambele persoane implicate. Prin comunicare constantă, susținere reciprocă și punerea în aplicare a obiectivelor comune, cuplul poate evolua și crește împreună într-un mod sănătos.

Un exemplu de dezvoltare și creștere împreună cu partenerul într-o relație poate fi următorul: să începeți o activitate nouă împreună, cum ar fi un curs de dans sau de gătit.

Prin această experiență comună, veți avea oportunitatea de a vă descoperi reciproc într-un mod diferit, de a lucra împreună către un obiectiv comun și de a crea amintiri frumoase împreună. În plus, veți avea ocazia de a vă susține reciproc în momentele de provocare și de a vă încuraja să vă depășiți limitele individuale.

Va propun 10 exercitii practice pentru incurajarea creșterii personale și a dezvoltării relației.

1. În fiecare zi, notează trei lucruri pentru care ești recunoscător în ceea ce privește dezvoltarea personală sau relația ta.
Exemplu: "Sunt recunoscător pentru faptul că am avut curajul să-mi exprim sentimentele în relația mea."

2. Setează obiective personale și obiective de dezvoltare a relației și lucrează constant pentru a le atinge.
Exemplu: "Obiectivul meu personal este să citesc cel puțin o carte pe săptămână pentru a-mi îmbunătăți cunoștințele și să învăț cum să fiu un partener mai bun în relația mea."

3. Participă la activități care îți plac și care te ajută să-ți dezvolți abilitățile și interesul personal.
Exemplu: "Merg la cursuri de dans pentru a-mi dezvolta pasiunea pentru mișcare și pentru a petrece timp de calitate cu partenerul meu."

4. Comunică cu deschidere și sinceritate în relația ta, exprimându-ți nevoile, temerile și așteptările.
Exemplu: "Am discutat cu partenerul meu despre temerile mele legate de angajament și am găsit soluții împreună pentru a ne consolida legătura."

5. Îndrăznește să încerci lucruri noi și să ieși din zona de confort pentru a-ți extinde orizonturile personale și a aduce diversitate în relația ta.
Exemplu: "Am încercat să gătesc o rețetă nouă în fiecare săptămână pentru a ne deconecta de rutină și a experimenta împreună."

6. Împărtășește-ți pasiunile și interesele cu partenerul tău și încurajează-l să facă același lucru pentru a vă bucura de experiențe comune și a vă consolida legătura.
Exemplu: "Am mers împreună la un concert al unei trupe preferate pentru a ne conecta prin muzică și a ne distra împreună."

7. Fă timp pentru autocunoaștere și autodezvoltare, participând la sesiuni de coaching sau de terapie și citind cărți de dezvoltare personală.
Exemplu: "Am participat la un workshop de dezvoltare personală pentru a învăța cum să-mi gestionez emoțiile și să-mi îmbunătățesc relația cu mine însumi."

8. Practică empatia și înțelegerea reciprocă în relația ta, ascultând cu atenție perspectivele și nevoile celuilalt și fiind deschis la compromis și colaborare.

Exemplu:"Am ascultat cu atenție povestea partenerului meu și am încercat să îl înțeleg pe deplin în loc să îl judec sau să îmi impun punctul de vedere."

9. Fii deschis la feedback și la schimbare, acceptând și integrând învățările din experiențele anterioare pentru a te dezvolta continuu în plan personal și în plan relațional.
Exemplu: "Am primit feedback constructiv de la partenerul meu și am lucrat împreună pentru a îmbunătăți comunicarea și încrederea în relația noastră."

10. Apreciază și celebrează fiecare progres și succes în dezvoltarea ta personală și în evoluția relației tale, recunoscând eforturile și rezultatele pe care le-ai obținut împreună.
Exemplu: "Am sărbătorit reușita noastră în atingerea obiectivelor personale și de cuplu prin organizarea unei seri speciale în care ne-am bucurat de realizările noastre și ne-am încurajat reciproc pentru viitor."

"Adevărata creștere personală vine din acceptarea provocărilor și depășirea lor, învățând din fiecare experiență și evoluând ca individ."
- Dalai Lama

Capitolul 10: Întreținerea pasiunii și romantismului în relație.

- Nu uita să îți exprimi dragostea și afecțiunea față de partenerul tău.

- Investește în relația ta și găsește modalități de a menține flacăra vie.

Întreținerea pasiunii și romantismului într-o relație este esențială pentru menținerea unei legături puternice și sănătoase între parteneri. Odată ce treci de perioada de început a relației, poate fi ușor să intri în rutina zilnică și să îți pierzi din intensitatea sentimentelor pe care le aveai la început.

Pentru a menține viu focul pasiunii și romantismului în relație, este important să găsești modalități de a-ți surprinde partenerul, de a-i demonstra constant dragostea și aprecierea ta. Unele idei care te pot ajuta în acest sens includ organizarea unei mici escapade romantice, planificarea unei seri romantice acasă, scrierea de scrisori de dragoste sau pur și simplu petrecerea unui timp de calitate împreună, departe de preocupările cotidiene.

Este important să acorzi atenție intimității în relație și să îți faci timp pentru momentele de conexiune emoțională și fizică cu partenerul tău. Comunicarea sinceră și deschisă este, de asemenea, crucială pentru menținerea unei relații sănătoase și pasionale.

Încercarea de a păstra pasiunea și romantismul în relație necesită efort și implicație din partea ambilor parteneri. Este important să fii creativ, să fii atent la nevoile și dorințele partenerului tău și să nu uiți să îți exprimi constant dragostea și recunoștința față de aceasta. Prin cultivarea acestei atitudini, vei reuși să menții o legătură puternică și pasională cu partenerul tău de-a lungul timpului.

Păstrarea pasiunii într-o relație este un aspect extrem de important pentru menținerea unei conexiuni puternice și vie între parteneri. Pasiunea este o parte vitală a unei relații sănătoase și fericite, deoarece reflectă dorința și atracția continuă între cei doi parteneri.

Pentru a menține pasiunea vie în relație, este important să investiți timp și efort în îngrijirea și cultivarea acesteia.

Iată câteva strategii eficiente de întreținere a pasiunii într-o relație:

1. Comunicați deschis și sincer.Comunicația este cheia unei relații sănătoase. Discutați deschis și sincer despre nevoile, dorințele și așteptările fiecăruia în ceea ce privește pasiunea și intimitatea în relație.

2. Fiți atenți la nevoile și dorințele partenerului: Ascultați cu atenție și răspundeți la nevoile și dorințele partenerului pentru a menține pasiunea în relație.

Fiți deschiși și empatici față de ceea ce își dorește partenerul și încercați să îndepliniți aceste dorințe pe cât posibil.

3. Experimentați lucruri noi împreună.Pentru a menține pasiunea vie, încercați să explorați și să experimentați lucruri noi împreună. Faceți activități interesante și aventuroase, călătoriți în locuri noi sau participați la cursuri și workshop-uri care vă pot ajuta să vă conectați într-un mod mai profund și pasional.

4. Mențineți o intimitate emoțională puternică: Intimitatea emoțională este la fel de importantă ca și cea fizică într-o relație. Împărtășiți sentimentele, gândurile și visele voastre cu partenerul pentru a vă întări legătura emoțională și a menține pasiunea vie în relație.

5. Investiți în intimitatea fizică.Intimitatea fizică este un aspect vital al menținerii pasiunii într-o relație. Investiți timp și energie în viața voastră sexuală, explorați fantezii și dorințe diferite și încercați să vă conectați la un nivel fizic și intim mai profund.

6. Amintiți-vă de zilele pline de pasiune.Reflectați asupra momentelor și experiențelor pasionale pe care le-ați avut împreună și întrețineți acele amintiri pentru a vă stimula dorința și atracția reciprocă în prezent.

Romantismul într-o relație este esențial pentru menținerea unei legături puternice și durabile între parteneri. Este important să nu neglijați această componentă a relației, deoarece romantismul aduce bucurie, tandrețe și pasiune în viața de cuplu.

Există numeroase moduri în care puteți întreține romantismul în relație și să vă mențineți legătura specială cu partenerul dumneavoastră.

Iată câteva idei pentru a face acest lucru:

1. Comunicați deschis și sincer. Pentru a menține romantismul în relație, este important să comunicați deschis și să vă exprimați sentimentele și emoțiile față de partenerul dumneavoastră. Apreciați momentele frumoase din relație și spuneți partenerului cât de mult înseamnă pentru voi.

2. Surprindeți-vă reciproc. O modalitate eficientă de a menține romantismul în relație este să vă surprindeți reciproc cu gesturi mici, dar semnificative. Poate fi vorba de o cină romantică, o scrisoare de dragoste sau un cadou special care să arate cât de mult înseamnă partenerul pentru voi.

3. Petreceți timp de calitate împreună. Este important să faceți loc în programul vostru aglomerat pentru a petrece timp de calitate împreună.

Organizați escapade romantice, plimbări în natură sau pur și simplu petreceți seara împreună acasă, într-o atmosferă liniștită și relaxantă.

4. Mențineți pasiunea vie. Pasiunea este un element important al romantismului într-o relație. Nu uitați să mențineți aprinsă flacăra pasiunii și să vă exprimați sentimentele și dorințele în mod deschis față de partenerul dumneavoastră.

5. Faceți compromisuri și susțineți-vă reciproc. Într-o relație sănătoasă, este important să faceți compromisuri și să susțineți reciproc în momentele dificile. Fiți alături de partenerul dumneavoastră în momentele de nevoie și arătați-i că îi sunteți alături în orice circumstanțe.

Romantismul este un aspect esențial al unei relații sănătoase și fericite, care aduce bucurie și împlinire în viața de cuplu. Este important să dedicați timp și energie pentru a întreține romantismul în relație și să vă mențineți legătura specială cu partenerul dumneavoastră.
Astfel, veți avea o relație puternică, bazată pe iubire, respect și încredere reciprocă.

Dragostea și afecțiunea sunt două sentimente extrem de puternice și benefice care pot aduce bucurie și pace în viața noastră. Atunci când ne îndrăgostim de cineva, simțim o adâncă conexiune emoțională și spirituală care ne face să ne simțim înțeleși, apreciați și iubiți cu adevărat. Dragostea este un sentiment profund și complex care ne face să ne preocupăm de binele celui drag, să ne oferim sprijin reciproc și să ne simțim fericiți și împliniți alături de acea persoană specială.

Atunci când ne exprimăm dragostea și afecțiunea față de partener, ne deschidem inima și sufletul în fața lui, ne arătăm vulnerabilitatea și sinceritatea, ne exprimăm recunoștința și recunoașterea pentru tot ceea ce el aduce în viața noastră. Ne străduim să îl facem fericit, să îl sprijinim în momentele dificile, să fim alături de el în momentele de bucurie și să ne implicăm activ în relația noastră pentru a o menține vie și puternică.

Exprimarea dragostei și afecțiunii poate fi făcută prin gesturi mici și simple, dar extrem de semnificative, cum ar fi un zâmbet cald, o îmbrățișare strânsă, o vorbă dulce sau un gest de tandrețe.

De asemenea, este important să ne arătăm recunoștința și aprecierea față de partener pentru tot ceea ce face pentru noi și să îl încurajăm și să îl susținem în eforturile sale.

Dragostea și afecțiunea sunt două sentimente esențiale într-o relație sănătoasă și fericită.

Atunci când ne iubim și ne apreciem reciproc, ne simțim în siguranță și înțeleși, suntem mai încrezători și mai fericiți și avem mai multă încredere în noi înșine și în partenerul nostru. De aceea, este important să ne exprimăm dragostea și afecțiunea față de partener în mod constant și sincer, pentru a menține flacăra iubirii vie și strălucitoare în inimile noastre.

Dragostea este un sentiment puternic și profund care poate fi exprimat într-o multitudine de moduri. Atunci când iubim pe cineva, ne dorim să îi arătăm acea persoană cât de mult înseamnă pentru noi și să ne asigurăm că se simte iubită și apreciată. Există numeroase modalități prin care putem exprima dragostea și afecțiunea față de partener, iar fiecare dintre acestea poate avea un impact puternic asupra relației noastre.

Unul dintre cele mai eficiente moduri de a arăta dragostea față de partener este prin acte de bunăvoință și generozitate. Putem face gesturi mici, dar semnificative, cum ar fi să îi pregătim o cină specială, să îi oferim flori sau să îi facem surprise neașteptate. Aceste mici gesturi pot crea o atmosferă de iubire și apreciere în relație și pot consolida legătura dintre noi doi.

Comunicarea sinceră și deschisă este esențială în orice relație sănătoasă. Atunci când iubim pe cineva, este important să ne exprimăm sentimentele și să îi spunem partenerului cât de mult îl iubim și apreciem.

Putem face acest lucru prin cuvinte, dar și prin acțiuni. Un simplu "Te iubesc" sau o mângâiere caldă pot fi suficiente pentru a transmite întregul nostru sentiment de dragoste și afecțiune.

Este important să fim prezenți pentru partenerul nostru și să îl sprijinim în momentele dificile. Atunci când cineva se confruntă cu probleme sau dificultăți, există posibilitatea să se simtă singur și neajutat. În acele momente, trebuie să fim alături de partenerul nostru, să îl ascultăm, să îl încurajăm și să îl sprijinim în luarea deciziilor corecte.

Iubindu-ne și respectându-ne reciproc, putem construi o relație puternică și sănătoasă, în care fiecare dintre noi se simte iubit și valorizat. Exprimarea dragostei și afecțiunii față de partener este esențială pentru consolidarea relației noastre și pentru menținerea unei legături puternice și durabile.

Relațiile sunt ca niște flăcări - necesită atenție, îngrijire și efort constant pentru a rămâne aprinse și puternice. Fie că vorbim despre relația cu partenerul de viață, cu familia sau cu prietenii, este important să investim timp și energie în relațiile noastre pentru a le menține sănătoase și armonioase.

Pentru a menține flacăra vie într-o relație, este crucial să arătăm apreciere și recunoștință față de celălalt. Exprimarea recunoștinței și a iubirii ne ajută să ne simțim conectați și apropiați unul de celălalt. De asemenea, comunicarea deschisă și sinceră este esențială în orice relație.

Este important să ne exprimăm sentimentele, gândurile și nevoile noastre, precum și să fim receptivi la ceea ce celălalt încearcă să ne transmită.

Important este să oferim suport emoțional și să fim prezenți în viața celuilalt. Să fim alături de partenerul nostru în momentele dificile și să sărbătorim împreună în momentele fericite. De asemenea, este important să ne implicăm activ în activități pe care le putem face împreună, să ne petrecem timp de calitate împreună și să dezvoltăm amintiri frumoase.

nvestiția în relația noastră cu cei dragi este esențială pentru menținerea unei conexiuni puternice și autentice. Așa cum o flacără are nevoie de oxigen pentru a arde, relațiile noastre au nevoie de atenție, iubire și efort continuu pentru a rămâne vii și strălucitoare. Să nu uităm niciodată să ne dedicăm timp și energie celor care contează cu adevărat în viața noastră.

Există mai multe modalități de a investi în relația ta pentru a menține flacăra vie.

Iată câteva exemple:

- Comunicare deschisă și sinceră: Poate părea evident, dar o comunicare sănătoasă este cheia oricărei relații de succes. Asigură-te că îți exprimi sentimentele și gândurile în mod clar și că asculți cu atenție punctul de vedere al partenerului tău.

- Timp de calitate împreună: Petreceți timp de calitate împreună, fără a fi neapărat nevoie de activități spectaculoase. Poate fi vorba despre o cină liniștită acasă sau o plimbare în parc.

- Gesturi de afecțiune: Fii atent la nevoile și dorințele partenerului tău și fă-i gesturi mici de afecțiune care să îi arate că îți pasă de el/ea.

- Întreținerea pasiunii: Nu uita să menții flacăra pasiunii vie în relația voastră. Găsiți modalități noi de a vă surprinde reciproc sau de a vă încărca bateriile împreună.

- Rezolvarea conflictelor în mod constructiv: Conflictele sunt inevitabile în orice relație, dar modul în care le gestionați poate face diferența. Învățați să comunicați în mod constructiv și să ajungeți la un consens în urma unor discuții deschise și respectuoase.

Investiția în relația ta este un proces continuu și necesită efort și atenție din partea ambilor parteneri. Dar efortul depus va fi răsplătit cu o relație sănătoasă, puternică și plină de iubire.

Menținerea flacărei vie într-o relație presupune investirea constantă de efort, timp și atenție în relație.

Iată câteva modalități eficiente de a menține flacăra vie în relație:

- Comunicare deschisă și sinceră: Este crucial să comunici cu partenerul tău despre nevoile, dorințele și emoțiile tale. Ascultă-l și fii receptiv la nevoile și dorințele lui.

- Stabilitate și siguranță: Creează un mediu sigur și stabil pentru partenerul tău. Arată-ți aprecierea și dragostea în mod constant și fă-l să se simtă iubit și valorizat.

- Respect reciproc: Respectul este fundamentul unei relații sănătoase. Fii respectuos față de partenerul tău și apreciază cu adevărat cine este el ca persoană.

- Surprize și gesturi de iubire: Menținerea flacărei vie în relație implică surprinde-ți partenerul cu gesturi mici dar semnificative de iubire și apreciere. Poate fi vorba de un gest romantic, de o excursie spontană sau de organizarea unei seri speciale pentru cei doi.

- Împărtășirea unor interese comune: Petreceți timp împreună făcând activități pe care amândoi le apreciați. Acest lucru vă va ajuta să creați amintiri frumoase și să vă apropiați unul de celălalt..

- Rezolvarea conflictelor în mod constructiv: Nu evitați sau împingeți sub preș problemele. În loc de asta, găsiți modalități de a rezolva conflictele în mod constructiv și sănătos. Ascultați-vă reciproc și căutați soluții care să fie satisfăcătoare pentru ambele părți.

- Râsete și bucurie: Nu uitați să râdeți împreună și să vă bucurați de momentele frumoase. Râsul și bucuria sunt esențiale pentru menținerea unei atmosfere pozitive în relație.

- Îngrijirea de sine: Nu uitați să aveți grijă de voi înșivă și să vă mențineți echilibrul emoțional și fizic. Odată ce sunteți fericit și sănătos individual, veți fi mai capabili să contribuiți la fericirea și sănătatea relației voastre.

Menținerea flacărei vie într-o relație necesită efort și angajament din partea ambilor parteneri, dar cu atenție și dedicare, veți putea să vă bucurați de iubirea și conexiunea pe termen lung.

Va propun 10 modalități de a menține flacăra vie in relatie.

1. Comunicarea deschisă și sinceră - Este important să vorbiți deschis despre dorințele, nevoile și temerile voastre în relație. Ascultarea activă și exprimarea emoțiilor fără judecată sau reproșuri pot ajuta la menținerea unei legături puternice.

De exemplu, dacă unul dintre parteneri simte că nu este suficient de apreciat sau că nu primește suficientă atenție din partea celuilalt, este important să comunice aceste sentimente într-un mod non-judecător și să caute împreună soluții pentru a îmbunătăți relația.

2. Îngrijirea reciprocă - Gesturile mici de afecțiune și atenție, cum ar fi un mesaj dulce sau o mângâiere neașteptată, pot menține vie flacăra în relație. Nevoia de simțire a iubirii și aprecierii din partea partenerului este esențială pentru păstrarea unei conexiuni puternice.

De exemplu, prepararea unei cine romantice acasă sau organizarea unei ieșiri la un loc special pot arăta partenerului că îți pasă și că îți dorești să menții pasiunea vie în relație.

3. Împărtășirea unor interese comune - Descoperirea unei pasiuni sau a unui hobby în comun poate întări legătura dintre parteneri și poate crea momente de bucurie și apropiere. Participarea la activități pe care amândoi le apreciați și susținerea reciprocă în aceste pasiuni pot consolida conexiunea emoțională.

De exemplu, dacă amândoi iubiți natura, puteți petrece un weekend împreună într-o excursie de camping sau hiking pentru a vă conecta cu mediul înconjurător și pentru a crea amintiri de neuitat.

4. Întreținerea vieții sexuale - Menținerea unei viațe sexuale active și satisfăcătoare poate juca un rol crucial în menținerea flacărei vie în relație. Comunicarea deschisă despre preferințe și nevoi sexuale, încercarea de lucruri noi în dormitor și găsirea modalităților de a menține pasiunea și intimitatea pot alimenta flacăra în cuplu.
De exemplu, puteți încerca să explorați noi fantezii sau să experimentați jucării sexuale pentru a aggiunge o notă de aventură și pasiune în dormitor.

5. Planificarea de timp de calitate împreună - În lumea agitată de azi, este important să faceți loc în programul vostru pentru a petrece timp de calitate împreună. Fie că este vorba de o cină romantică, o plimbare în parc sau o escapadă de weekend, investirea în timpul petrecut împreună poate consolida legătura dintre voi.
De exemplu, puteți stabili o dată lunară specială în care să ieșiți în oraș sau să faceți o activitate pe care amândoi o apreciați pentru a recrea starea de îndrăgostire din primii ani ai relației.

6. Respect reciproc - Respectul față de nevoile, opiniile și limitele partenerului este esențial pentru menținerea unei relații sănătoase și fericite. Ascultarea cu atenție, acceptarea diferențelor și evitarea criticilor sau comportamentului abuziv pot construi o bază solidă pentru o relație de succes.

De exemplu, respectarea timpului și spațiului personal al partenerului, chiar și atunci când sunteți împreună de mult timp, poate arăta că îi acordați valoare și că vă respectați reciproc.

7. Reîmprospătarea relației - Este important să găsiți modalități de a reîmprospăta și de a menține interesul și pasiunea vie în relație. Până și cele mai solide cupluri pot stagna în rutină și monotonie, așa că este important să fiți creativi și să vă reinventați periodic pentru a menține flacăra vie.

De exemplu, puteți încerca să planificați o escapadă surpriză, să încercați o activitate nouă împreună sau să vă implicați într-un proiect comun pentru a aduce o notă de excitare și aventură în relație.

8. Încurajarea și susținerea reciprocă - Rolul de partener este de a fi un sprijin constant și un susținător pentru celălalt. Recunoașterea eforturilor și realizărilor partenerului, încurajarea în momentele de demoralizare și oferirea unui umăr pe care să plângă sunt elemente esențiale pentru menținerea unei relații sănătoase și fericite.

De exemplu, recunoașterea eforturilor partenerului în ceea ce privește cariera sau hobby-urile poate arăta implicarea și aprecierea ta pentru contribuția lui în relație.

9. Soluționarea conflictelor într-un mod sănătos - Conflictul și neînțelegerile sunt inevitabile în orice relație, dar ceea ce contează este modul în care le gestionați. Abordarea problemelor cu calm, respect și empatie, căutarea soluțiilor comune și încercarea de a învăța din fiecare conflict pot consolida legătura dintre voi și pot menține flacăra vie.

De exemplu, în loc să evitați sau să ignorați problemele, puteți încerca să le discutați deschis și respectuos, să ascultați cu atenție punctele de vedere ale celuilalt și să căutați soluții în care amândoi să vă simțiți înțeleși și acceptați.

10. Recunoșterea și celebrarea momentelor speciale - Fie că este vorba de aniversarea unei date importante sau de un succes în carieră, este esențial să recunoașteți și să sărbătoriți împreună momentele speciale din viața voastră. Împărtășirea bucuriei și a realizărilor cu partenerul poate întări legătura dintre voi și poate consolida sentimentele de apreciere și recunoștință reciprocă.

"*Dragostea adevărată este ca un foc care trebuie menținut mereu aprins prin atenție, comunicare și compromisuri. Dacă nu îl hrănim constant, flacăra se va stinge.*"

Capitolul 11: Găsirea echilibrului și fericirii în relație.

- Învață să fii recunoscător și să apreciezi momentele frumoase împărtășite cu partenerul tău.
- Găsește un echilibru între timpul petrecut împreună și timpul petrecut cu prietenii și familia.

Găsirea echilibrului și fericirii într-o relație poate fi o sarcină dificilă, dar nu imposibilă. Este important să se acorde atenție constantă și să se lucreze împreună pentru a menține o relație sănătoasă și fericită.

Unul dintre aspectele importante în găsirea echilibrului în relație este comunicarea deschisă și sinceră. Este crucial să vă exprimați gândurile, sentimentele și nevoile în mod clar și direct. Ascultarea activă și empatia sunt, de asemenea, chei în comunicarea eficientă în relație.

În plus, este important să vă acordați timp unul celuilalt și să găsiți activități pe care le puteți face împreună pentru a vă bucura unul de celălalt. Este esențial să vă susțineți reciproc în obiectivele și visele voastre și să fiți un partener de încredere și sprijinitor.

Respectul reciproc este, de asemenea, esențial în găsirea echilibrului și fericirii în relație.

Este important să vă tratați unul pe celalalt cu respect și să aveți încredere unul în celălalt. Comunicarea și rezolvarea conflictelor în mod matur și respectuos sunt, de asemenea, chei în menținerea unei relații sănătoase.

Nu uitați să vă exprimați aprecierea și iubirea pentru partenerul dvs.

Nu presupuneți că aceste lucruri sunt evident și nu uitați să arătați recunoștința pentru tot ceea ce fac unul pentru celălalt. Găsirea echilibrului și fericirii într-o relație necesită efort și dedicare continuă, dar, atunci când este realizat cu succes, poate aduce o mare satisfacție și fericire pentru ambele părți.

Echilibrul în relație este esențial pentru menținerea unei conexiuni și a unei comunicări sănătoase între parteneri. Pentru a găsi acest echilibru, este important să fie respectate anumite principii și practici.

Unul dintre aspectele cheie pentru a menține echilibrul într-o relație este comunicarea deschisă și sinceră. Este important să vă exprimați nevoile, gândurile și sentimentele în mod clar și respectuos, astfel încât partenerul să înțeleagă cum vă simțiți și să poată răspunde corespunzător.

De asemenea, este crucial să aveți grijă să nu dominați sau să fiți dominat în relație. Este important să vă ascultați reciproc și să vă respectați spațiul și nevoile individuale. În același timp, trebuie să fiți deschiși să lucrați împreună pentru a găsi un teren comun și a depăși eventualele conflicte sau probleme.

Mai mult decât atât, echilibrul în relație implică și responsabilitate și compromis din partea ambilor parteneri.

Este important să vă asumați responsabilitate pentru acțiunile și deciziile voastre și să fiți deschiși să faceți compromisuri atunci când este necesar pentru a menține armonia și echilibrul în relație.

Găsirea echilibrului într-o relație este un proces continuu și poate fi provocator uneori. Cu toate acestea, cu răbdare, iubire și respect reciproc, puteți crea o relație sănătoasă și echilibrată în care amândoi aveți posibilitatea să vă dezvoltați și să vă împliniți pe termen lung.

Echilibrul în relație este foarte important pentru sănătatea și fericirea partenerilor. Acesta înseamnă găsirea unei stări de armonie și a unei distribuiri echitabile a responsabilităților, sprijinului reciproc și îndeplinirea nevoilor fiecărui partener.

Un exemplu concret ar fi gestionarea sarcinilor casnice: dacă unul dintre parteneri petrece mult timp la muncă și celălalt se ocupă de gospodărie și de îngrijirea copiilor, echilibrul poate fi afectat. Este important ca ambii parteneri să își asume responsabilități egale în casă și să își ofere sprijin reciproc, astfel încât niciunul dintre ei să nu se simtă copleșit sau neglijat.

Un alt exemplu ar putea fi gestionarea timpului petrecut împreună și separat. Este esențial pentru echilibrul în relație să existe momente de intimitate și conexiune între parteneri, dar și timpul liber individual pentru a-ți ocupa de interesele personale și pentru a te dezvolta în mod individual.

Dacă un partener încearcă să domine tot timpul și atenția celuilalt sau, dimpotrivă, se retrage complet în propriile preocupări, echilibrul poate fi perturbat.

Găsirea echilibrului în relație implică comunicare deschisă și sinceră, înțelegerea și respectul reciproc, dar și flexibilitate și compromis.

Este important să iei în considerare nevoile și dorințele partenerului tău, dar și să îți exprimi în mod clar și respectuos așteptările tale. Astfel veți putea construi o relație sănătoasă și armonioasă, bazată pe egalitate și susținere reciprocă.

Fericirea într-o relație poate fi obținută atunci când ambii parteneri sunt implicați și dedicați să facă lucrurile să funcționeze. Comunicarea deschisă și sinceră este cheia principală pentru a menține o relație sănătoasă și fericită. Este important să vă ascultați reciproc, să vă exprimați nevoile și să fiți deschiși cu privire la gândurile și sentimentele voastre.

De asemenea, este important să aveți încredere unul în celălalt și să vă sprijiniți reciproc în tot ceea ce faceți. Împărțirea bucuriilor și a tristeților, sprijinindu-vă unul pe celălalt în momentele dificile și sărbătorind împreună succesele sunt elemente esențiale pentru a menține fericirea într-o relație.

Este important să aveți respect reciproc și să vă tratați unul pe celălalt cu afecțiune, iubire și grijă. Menținerea intimității și pasiunii în relație poate îmbunătăți, de asemenea, fericirea și satisfacția ambilor parteneri.

Fericirea într-o relație poate fi obținută atunci când amândoi partenerii sunt dispuși să lucreze împreună pentru a depăși provocările și pentru a construi o legătură puternică și durabilă.

Fericirea într-o relație vine din echilibrul, respectul reciproc, comunicarea și compasiunea.

Fericirea într-o relație poate fi găsită atunci când ambii parteneri se simt împliniți, susținuți și iubiți unul pe celălalt. Pentru a atinge acest echilibru, este important să existe o comunicare deschisă și sinceră între cei doi parteneri, astfel încât să își exprime nevoile, dorințele și emoțiile fără teama de a fi judecați sau respinși.

De asemenea, într-o relație fericită, există încredere reciprocă și respect față de spațiul și individualitatea fiecărui partener. Este important ca fiecare să își susțină și să își încurajeze partenerul în realizarea propriilor visuri și obiective, indiferent cât de mari sau mici ar fi acestea.

Un alt aspect crucial al fericirii într-o relație este găsirea unor activități comune care să îi unească și să le aducă bucurie și satisfacție reciprocă. Aceste activități pot fi diverse, de la plimbările în natură sau sportul în echipă, până la gătitul împreună sau serile petrecute în fața unui film sau a unei cărți.

Exemple de cum se poate găsi fericirea într-o relație sunt reprezentate de gesturi simple, precum încurajarea reciprocă în momentele dificile, aprecierea și recunoașterea eforturilor depuse de celălalt, sau surprizele plăcute care să arate dragostea și atașamentul unuia față de celălalt.

Fericirea într-o relație se construiește treptat, prin investirea de timp și efort din partea ambilor parteneri. O relație de succes și fericită aduce bucurie, satisfacție și echilibru emoțional atât celor doi parteneri implicați, cât și celor din jurul lor.

Recunoașterea și aprecierea momentelor frumoase petrecute alături de partenerul tău sunt aspecte importante într-o relație sănătoasă și echilibrată. A fi recunoscător pentru tot ce îți oferă persoana iubită și să apreciezi fiecare clipă petrecută împreună sunt gesturi ce aduc bucurie și armonie în relația voastră.

Fie că este vorba despre o plimbare în parc, o cină romantică sau o simplă discuție care vă apropie și vă înțelege mai bine, să știi să apreciezi aceste momente și să le faci memorabile este esențial. Oferindu-ți reciproc recunoașterea și aprecierea, veți consolida legătura dintre voi și veți face ca relația voastră să devină tot mai profundă și mai specială în timp.

Învață să te bucuri de fiecare moment petrecut alături de partenerul tău, să îți exprimi recunoștința pentru tot ce primești și să îți arăți aprecierea pentru tot ceea ce face pentru tine. Micile gesturi de recunoaștere și apreciere pot face diferența în relația voastră și pot contribui la creșterea și consolidarea legăturii voastre.

Nu uita să spui "mulțumesc" și să arăți că îți pasă de celălalt, chiar și în cele mai mici detalii.

Învață să fii recunoscător pentru tot ce ai și să apreciezi toate momentele frumoase petrecute alături de partenerul tău. Astfel, veți crea împreună o poveste de dragoste unică și specială, plină de bucurie, înțelegere și armonie.

Este important să fim recunoscători pentru momentele frumoase pe care le împărtășim cu partenerul nostru, deoarece acestea ne aduc bucurie și împlinire în relație. Chiar și cele mai mici gesturi de dragoste sau momente de intimitate merită să fie apreciate și să ne aducă recunoștința noastră.

Să ne amintim de momentele în care partenerul nostru ne-a făcut să ne simțim iubiți și apreciați, să ne amintim de râsul sincer pe care l-am împărtășit în preajma lui și de momentele de tandrețe care ne-au adus aproape unul de celălalt. Să ne amintim de serile petrecute în doi, de plimbările romantice sau de serile liniștite petrecute în compania sa.

Recunoștința pentru aceste momente ne poate ajuta să ne concentrăm pe aspectele pozitive ale relației noastre și să ne aducem aminte de dragostea și conexiunea pe care le împărtășim cu partenerul nostru. Apreciați fiecare clipă petrecută împreună și să nu uităm să îi mulțumim partenerului nostru pentru toate momentele frumoase pe care ni le oferă.

Învață să fii recunoscător pentru fiecare zi petrecută alături de persoana iubită, pentru fiecare zâmbet și pentru fiecare îmbrățișare.

Aprecierea și recunoștința pentru aceste momente ne pot ajuta să ne îmbunătățim relația și să o facem mai puternică și mai autentică.

Recunoașterea și aprecierea momentelor frumoase petrecute alături de partenerul tău este extrem de importantă pentru menținerea unei relații sănătoase și fericite.

Iată câteva idei și exemple pentru a dezvolta această abilitate:

- Exprimă-ți recunoștința în mod activ și sincer. Nu lua de bun faptul că partenerul tău știe cât de mult îți pasă de el sau ea. Fii deschis și sincer atunci când apreciezi un moment frumos petrecut împreună.

- Fă un efort să observi și să apreciezi micile gesturi și atențiile pe care partenerul tău le face pentru tine. Oferă-i recunoștința ta pentru aceste gesturi, indiferent de cât de mici sau mari ar fi.

- Gândește-te la câteva momente frumoase petrecute împreună și rememorează-le împreună cu partenerul tău. Revizitați acele amintiri și sărbătoriți-le împreună, recunoscând că acele momente v-au unit și au adus bucurie în relația voastră.

- Găsiți modalități creative de a vă exprima recunoștința unul față de celălalt. Poți scrie o scrisoare sau un mesaj emoționant în care să-ți exprimi recunoștința față de partenerul tău pentru momentele frumoase petrecute împreună.

- Nu uita să îți exprimi recunoștința și pentru lucrurile mărunte și cotidiene pe care partenerul tău le face pentru tine. Oferă-i apreciere pentru ajutorul în gospodărie, pentru suportul emoțional sau pentru simpla prezență în viața ta.

Recunoștința și aprecierea reciprocă sunt cheia unei relații sănătoase și fericite. Învățând să fii recunoscător pentru momentele frumoase petrecute alături de partenerul tău, vei contribui la consolidarea și îmbunătățirea relației voastre în mod semnificativ.

Apreciază fiecare clipă petrecută alături de persoana iubită. Amintește-ți de momentele pline de fericire, de zâmbetele sincerie pe care le-ați împărțit și de dragostea pe care ați simțit-o reciproc.

Momentul în care vă sprijiniți unul pe celălalt în momentele dificile, momentul în care împărtășiți bucurii și realizări, toate acestea fac parte din magia vieții împreună. Învață să prețuiești fiecare gest de iubire, fiecare privire plină de înțelegere și fiecare mesaj de susținere.

Nu uita că aceste momente sunt valoroase și ar trebui să le apreciezi la adevărata lor valoare.

Nu lăsa rutina sau alte probleme să îți ia din farmecul acestor clipe de dragoste și armonie.

Ține minte că iubirea și recunoștința față de partenerul tău trebuie exprimate zilnic, iar aprecierea reciprocă este cheia unei relații sănătoase și fericite.

Așadar, învață să apreciezi fiecare moment frumos împărtășit cu persoana iubită și să îți arăți recunoștința pentru prezența sa în viața ta.

Aprecierea momentelor frumoase petrecute alături de partenerul tău este un aspect important într-o relație sănătoasă și fericită. Atunci când reușim să recunoaștem și să valorizăm aceste momente, ne întărim legătura cu persoana iubită și ne bucurăm de o conexiune mai profundă și mai autentică.

Aprecierea ne ajută să ne concentrăm asupra aspectelor pozitive din relație și să lăsăm deoparte eventualele neînțelegeri sau conflict. Aprecierea ne încurajează să fim recunoscători pentru prezența partenerului nostru în viața noastră și să ne bucurăm de momentele frumoase pe care le petrecem împreună.

De asemenea, aprecierea ne ajută să ne simțim mai bine în relație și să ne arătăm recunoștința față de persoana iubită. Atunci când îi arătăm partenerului cât de mult îl apreciem și cât de importante sunt pentru noi momentele petrecute împreună, întărim legătura emoțională dintre noi și ne simțim mai conectați unul cu celălalt.

Mai mult decât atât, aprecierea ne ajută să creștem în încredere și înțelegere reciprocă. Atunci când avem grijă să recunoaștem și să apreciem eforturile și gesturile frumoase ale partenerului nostru, creăm un mediu de încredere și compasiune în relație, care ne permite să ne exprimăm deschis și să ne simțim mai apropiați unul de celălalt.

Este important să învățăm să apreciem momentele frumoase împărtășite cu partenerul nostru pentru a ne bucura de o relație sănătoasă și fericită. Aprecierea ne ajută să ne concentrăm asupra aspectelor pozitive din relație, să ne simțim mai bine unul în compania celuilalt și să întărim legătura emoțională dintre noi.

Așadar, nu uita să-ți arăți recunoștința față de persoana iubită și să apreciezi fiecare moment petrecut împreună!

Este extrem de important să găsim un echilibru între timpul petrecut împreună cu partenerul și timpul petrecut cu prietenii și familia. Fiecare aspect al vieții noastre are o importanță deosebită și trebuie să îi acordăm atenția cuvenită.

Atunci când suntem într-o relație, este firesc să îți dorești să petreci cât mai mult timp posibil alături de partenerul tău. Să împărtășești momente frumoase, să construiești amintiri de neuitat și să te simți iubit și apreciat sunt aspecte esențiale pentru o relație sănătoasă. Cu toate acestea, este important să nu neglijezi relațiile tale cu prietenii și familia.

Prietenii și familia sunt o parte integrantă a vieții noastre și ne oferă suport, înțelegere și dragoste necondiționată. Pentru a menține aceste relații sănătoase și puternice, este esențial să îți faci timp pentru ei, să împărtășești bucurii și tristeți și să rămâi conectat cu aceștia.

Găsirea unui echilibru în aceste aspecte poate părea uneori dificil, dar este esențial pentru a menține un echilibru emoțional și mental sănătos. Comunicarea deschisă și sinceră cu partenerul tău este cheia pentru a găsi acest echilibru. Stabilește împreună prioritățile și găsiți modalități de a vă menține relația puternică, în timp ce îți faci timp pentru prieteni și familie.

Nu uita că este perfect normal să ai nevoie de timp pentru tine însuți, pentru a-ți reîncărca bateriile și a-ți păstra echilibrul interior. Găsirea unui echilibru între timpul petrecut cu partenerul, prietenii și familia este esențial pentru o viață fericită și echilibrată.

Găsirea unui echilibru între timpul petrecut împreună și timpul petrecut cu prietenii și familia este un aspect foarte important într-o viață sănătoasă și echilibrată. Multe persoane se confruntă cu dificultăți în a găsi un echilibru între aceste două aspecte ale vieții lor, dar este esențial să găsim modalități de a face acest lucru pentru a ne simți împliniți și fericiți.

Petrecerea timpului cu partenerul sau partenera de viață este esențială pentru menținerea unei relații sănătoase și fericite. Este important să acordăm atenție și timp suficient persoanei iubite, pentru a întări legăturile dintre noi și pentru a ne simți conectați unul cu celălalt. Este important să ne prioritizăm relația noastră și să facem eforturi pentru a ne asigura că timpul petrecut împreună este de calitate și valoros.

Pe de altă parte, petrecerea timpului cu prietenii și familia este la fel de importantă.

Prietenii și familia sunt o parte importantă a rețelei noastre de suport și ne pot oferi sprijin și confort în momentele dificile.

Pentru a găsi un echilibru între aceste două aspecte ale vieții noastre, este important să fim flexibili și deschiși la compromisuri. Este posibil să trebuiască să facem compromisuri și ajustări în programul nostru pentru a găsi un echilibru între timpul petrecut cu partenerul, prietenii și familia. Este important să comunicăm deschis și sincer cu persoanele importante din viața noastră și să le implicăm în procesul de găsire a unui echilibru între aceste aspecte.

În plus, este important să ne acordăm și timp pentru noi înșine. Este esențial să ne prioritizăm și să ne asigurăm că ne acordăm timp pentru a ne relaxa, a ne reîncărca bateriile și a ne îngriji de noi înșine. Găsirea unui echilibru între timpul petrecut cu partenerul, prietenii, familia și timpul pentru noi înșine este cheia pentru o viață echilibrată și fericită.

Găsirea unui echilibru între timpul petrecut împreună și timpul petrecut cu prietenii și familia este esențial pentru o viață sănătoasă și fericită. Este important să acordăm atenție și timp suficient relațiilor noastre importante și să ne asigurăm că găsim modalități de a integra aceste aspecte în viața noastră într-un mod armonios și echilibrat. Este esențial să fim flexibili, deschiși la compromisuri și să ne acordăm timp și atenția necesară pentru a menține relațiile noastre sănătoase și fericite.

Va propun 10 exercitii practice pentru găsirea echilibrului între timpul petrecut împreună și timpul petrecut cu prietenii și familia.

1. Stabilește priorități clar definite. Fă o listă cu activitățile și evenimentele importante pentru tine și pentru familia ta și împarte timpul în mod echitabil între ele. De exemplu, poți planifica cine va face ce în timpul săptămânii pentru a face față tuturor cerințelor.

2. Comunicați deschis cu familia și prietenii. Discutați împreună despre așteptările și nevoile fiecăruia și încercați să găsiți soluții care să satisfacă pe toată lumea. Ascultă cu atenție și arată empatie pentru perspectiva celorlalți.

3. Planifică activități în comun. Organizează activități pe care să le petreceți împreună cu familia și cu prietenii pentru a construi relații puternice și a vă bucura de timpul petrecut împreună. De exemplu, puteți merge în excursii, sărbătoriți sărbătorile împreună sau să organizați seri de jocuri în familie.

4. Stabilește limite clare. Protejează-ți timpul liber și nu te simți vinovat atunci când trebuie să spui „nu" unor invitații sau cereri care îți ocupă prea mult timp. Este important să îți acorzi timp pentru tine și nevoile tale și să îți respecți propriile limite.

5. Găsește un echilibru între timpul de calitate petrecut cu familia și timpul de calitate petrecut cu prietenii. Nu este neapărat să petreci aceleași cantități de timp cu fiecare grup, dar asigură-te că îți găsești oamenii dragi să petreci momente frumoase cu ei.

6. Prioritizează sănătatea și binele tău. găsirea echilibrului între timpul petrecut cu familia și prietenii tăi trebuie să se bazeze pe respectarea nevoilor și priorităților tale. Asigură-te că îți acorzi timp pentru a te odihni, a face sport și a te relaxa pentru a-ți menține starea de bine.

7. Gestionează eficient timpul. Planifică-ți zilele în avans și folosește calendarul pentru a te organiza și a îți gestiona timpul eficient. Astfel, vei putea să îți faci timp pentru toate activitățile importante pentru tine și pentru cei dragi.

8. Fii flexibil. În ciuda planurilor, trebuie să fii deschis la schimbări și să îți ajustezi prioritățile în funcție de situații neprevăzute sau de cerințele familiei și prietenilor tăi.

9. Nu uita să îți acorzi timp pentru tine însuți. Este important să ai timp pentru a te relaxa, a te desfășura în activități care îți plac și a te reîncărca bateriile. Acest lucru te va ajuta să fii mai fericit și mai echilibrat în relațiile tale.

10. Apreciază momentele petrecute împreună. Nu uita să savurezi clipele frumoase petrecute cu familia și prietenii tăi și să îți exprimi recunoștința pentru sprijinul și iubirea lor. O relație bună nu se bazează doar pe cantitatea timpului petrecut împreună, ci și pe calitatea și intensitatea emoțiilor și legăturii pe care le împărtășiți.

Capitolul 12: Întărirea angajamentului și a dorinței de a face relația să funcționeze.

- Fii dispus să investești efort și timp în relația ta .
- Angajează-te să lucrezi împreună cu partenerul tău pentru a construi o relație sănătoasă și fericită.

Întărirea angajamentului și a dorinței de a face relația să funcționeze este un proces continuu care implică multă comunicare, înțelegere reciprocă și compromisuri. Este important să ne arătăm partenerului sau partenerei noastre că suntem dedicați relației noastre și că suntem dispuși să lucrăm împreună pentru a depăși orice obstacole sau dificultăți.

Pentru a întări angajamentul și dorința de a face relația să funcționeze, este crucial să fim deschiși și sinceri unul cu celălalt. Trebuie să ne exprimăm nevoile, temerile și grijile noastre într-un mod respectuos și empatic, ascultând și înțelegând punctul de vedere al partenerului nostru. Este important să fim rezonabili și să fim dispuși să facem compromisuri pentru a găsi soluții la problemele noastre.

Trebuie să acordăm atenție nevoilor și dorințelor partenerului nostru și să fim prezenți și sprijinitori în momentele lor de nevoie. Construirea unei relații sănătoase și fericite necesită efort și angajament din ambele părți, iar lucrul împreună pentru a depăși provocările poate întări legătura dintre noi.

Prin comunicare deschisă, respect reciproc și compasiune, putem întări angajamentul și dorința de a face relația noastră să funcționeze și să creăm o legătură puternică și durabilă în doi. Așa că, să ne sprijinim unul pe celălalt și să lucrăm împreună pentru a construi o relație de succes și împlinitoare.

Întărirea angajamentului și a dorinței de a face relația să funcționeze este un aspect extrem de important într-o relație de cuplu. Este esențial să fie prezentă o implicare constantă din partea ambilor parteneri pentru a menține vie flacăra relației și pentru a depăși obstacolele care pot apărea pe parcurs.

Există câteva strategii eficiente pentru întărirea angajamentului și a dorinței de a face relația să funcționeze. Una dintre acestea este comunicarea deschisă și sinceră. Este important ca ambii parteneri să fie dispuși să discute despre sentimentele lor, să-și exprime nevoile și să asculte cu atenție cealaltă persoană. Comunicarea eficientă poate ajuta la rezolvarea problemelor și la consolidarea legăturii dintre cei doi.

De asemenea, este esențial să existe încredere reciprocă într-o relație. Încrederea este un pilon cheie al unei relații sănătoase și ar trebui să fie întărită constant prin acțiuni și comportamente care demonstrează loialitate și respect. Este important să fii deschis și să fii transparent cu partenerul tău pentru a consolida încrederea în relația voastră.

Respectul este de asemenea un element vital al unei relații sănătoase. Este esențial ca ambii parteneri să se trateze cu respect reciproc și să-și acorde importanța pe care o merită. Respectul pentru spațiul personal al celuilalt, pentru opiniile și nevoile sale este crucial pentru menținerea unei relații echilibrate și armonioase.

Este important să faci eforturi pentru a menține viu romantismul în relația voastră. Gesturile mici, dar pline de dragoste, precum surprizele neașteptate sau petrecerea timpului împreună în mod special, pot contribui la consolidarea sentimentelor de iubire și conexiune în cuplu.

Crucial este să fii deschis la schimbări și să fii dispus să evoluezi odată cu relația voastră. Fiecare cuplu se confruntă cu provocări și obstacole pe parcurs, iar adaptabilitatea și capacitatea de a învăța din experiențe pot contribui la consolidarea relației în fața acestor provocări.

Prin implementarea acestor strategii și prin concentrarea asupra întăririi angajamentului și a dorinței de a face relația să funcționeze, cuplul poate construi o relație sănătoasă, plină de iubire și respect reciproc.

Investiția într-o relație nu se limitează doar la timp și efort, ci și la dedicare, compromisuri și comunicare constantă. Este ca și cum ai planta o sămânță și ai avea grijă de ea în fiecare zi, udat-o, hrănind-o și oferindu-i atenția de care are nevoie pentru a crește și a înflori.

Investind într-o relație înseamnă să fii prezent și implicat în tot ceea ce faceți împreună, să fii deschis și sincer în comunicare, să asculteți și să fiți empatici unul față de celălalt. Este important să împărțiți bucuriile și tristețile, să vă susțineți reciproc în momentele dificile și să sărbătoriți împreună reușitele.

Pentru a face o relație să funcționeze, este esențial să acordați atenție nevoilor și dorințelor partenerului, să fiți toleranți și să aveți răbdare atunci când apar conflicte sau divergențe de opinii. Nu este întotdeauna ușor să investești timp și efort într-o relație, dar rezultatele pot fi cu adevărat remarcabile și satisfăcătoare atunci când ambele părți sunt pe deplin implicate și dedicate relației.

Deci, atunci când alegeți să investiți într-o relație, faceți acest lucru conștient de eforturile și sacrificiile pe care le implică, dar și de satisfacțiile și recompensele pe care le poate aduce. Împreună, puteți construi o legătură puternică și sănătoasă, care să reziste testului timpului și să vă aducă fericire pe termen lung.

O relație de succes necesită investiție constantă de efort și timp din partea ambilor parteneri. Este important să acorzi atenție relației și să îți faci timp pentru partenerul tău, pentru a menține flacăra iubirii vie.

Un aspect crucial al investiției în relație este comunicarea deschisă și sinceră. Este important să discuți cu partenerul tău despre sentimentele tale, temerile și nevoile tale, pentru a evita conflictele și tensiunile nerezolvate. Ascultarea activă și empatia sunt de asemenea aspecte esențiale ale comunicării într-o relație, pentru a crea un mediu de înțelegere și sprijin reciproc.

Important este să acorzi atenție activităților comune pe care le puteți face împreună. Petrecerea timpului de calitate împreună, practicând hobby-uri sau pasiuni comune, vă ajută să vă apropiați emoțional și să vă bucurați de compania reciprocă. Planificarea de escapade romantice sau date romantice regulate pot aduce și mai multă pasiune în relație.

Este esențial să îți arăți aprecierea și recunoștința față de partenerul tău. Gesturi mici, dar semnificative, precum un compliment sincer sau o surpriză plăcută, pot consolida legătura dintre voi doi și să vă facă să simțiți apreciați.

Prin acordarea de atenție, comunicare și timp de calitate, veți putea construi o legătură puternică și durabilă cu partenerul tău.

O relație sănătoasă și fericită se construiește zilnic prin efort comun, îngrijire și comunicare constantă. Este important să vă susțineți reciproc în toate provocările vieții și să vă bucurați împreună de fiecare victorie mică sau mare.

Pentru a avea o relație sănătoasă, este crucial să aveți încredere unul în celălalt și să fiți sinceri în comunicare. Comunicarea deschisă și sinceră vă va ajuta să depășiți diferendele și să vă înțelegeți mai bine unul pe celălalt. Ascultarea atentă a partenerului și exprimarea nevoilor și dorințelor voastre în mod clar va consolida legătura dintre voi și vă va ajuta să evitați conflictele nedorite.

În plus, este important să vă sprijiniți reciproc în atingerea obiectivelor și visurilor voastre. Încurajarea și susținerea partenerului în momentele dificile sau în momentele de îndoială vor consolida legătura voastră și vă vor face să vă simțiți mai conectați și mai apropiați unul de celălalt.

Pentru a menține o relație fericită, este esențial să găsiți timp pentru distracție și relaxare împreună. Planificarea activităților pe care le împărtășiți și petrecerea timpului calitativ alături de partenerul tău va întări relația voastră și vă va ajuta să vă bucurați de prezența unuia pe celălalt.

Pentru a avea o relație sănătoasă și fericită, este esențial să investiți timp și energie în relația voastră, să aveți încredere unul în celălalt, să comunicați deschis și sincer și să vă sprijiniți reciproc în toate aspectele vieții.

Prin efortul comun și îngrijirea constantă, veți putea să construiți o relație puternică și fericită care să dureze în timp.

Construirea unei relații sănătoase și fericite necesită efort și dedicare din partea ambilor parteneri. Este important să lucrați împreună pentru a vă cunoaște nevoile, dorințele și temerile, astfel încât să puteți construi o bază solidă pentru relația voastră.

Comunicarea este cheia în orice relație și este esențial să puteți discuta deschis și sincer despre orice este pe inimile voastre. Ascultarea atentă și empatia sunt, de asemenea, aspecte importante ale comunicării, astfel încât să puteți înțelege mai bine perspectiva și sentimentele partenerului vostru.

Întreținerea unei conexiuni emoționale este, de asemenea, esențială pentru o relație sănătoasă. Nu uitati să petreceți timp împreună, să va susțineți unul pe celălalt în momentele dificile și să va bucurati de momentele frumoase împreună.

Respectul reciproc este, de asemenea, un aspect crucial al unei relații sănătoase. Asigurați-vă că sunteți conștienți de sentimentele și nevoile partenerului vostru și că le tratați cu respect și înțelegere.

Este important să aveți încredere unul în celălalt și să vă sprijiniți reciproc în obiectivele și aspirațiile voastre. Fiind un susținător al partenerului vostru, veți consolida legăturile dintre voi și veți construi o relație mai puternică și mai sănătoasă.

Nu uitati să va bucurati de fiecare moment petrecut împreună și să apreciati lucrurile mici din viața de zi cu zi. Fericirea și satisfacția vin din recunoștință și aprecierea lucrurilor bune din viața voastră.

Angajamentul și devotamentul sunt fundamentale pentru a menține o relație sănătoasă și fericită pe termen lung. Lucrând împreună, comunicând deschis și sincer, și având încredere reciprocă, veți construi o relație puternică și împlinitoare care va rezista testului timpului.

Angajează-te să lucrezi împreună cu partenerul tău pentru a construi o relație sănătoasă și fericită,pe care le puteți implementa în relația voastră:

- Comunicare deschisă: Este foarte important să comunicați deschis și sincer unul cu celălalt în relație. Ascultă cu atenție părerile și sentimentele partenerului tău și exprimă-ți și tu gândurile și emoțiile în mod clar.

De exemplu, în loc să presupui ce simte celălalt, întreabă-l direct cum se simte și încurajează-l să-și exprime sentimentele.

- Împărțiți-vă responsabilitățile: Pentru a construi o relație sănătoasă, este important să împărțiți responsabilitățile în mod echitabil. Acest lucru înseamnă că amândoi vă implicați în activitățile casnice sau în deciziile importante.

De exemplu, puteți stabili un program pentru curățenie sau puteți face planuri împreună pentru vacanțe sau activități de weekend.

- Respect reciproc: Respectul este cheia unei relații sănătoase. Arată-ți respectul față de partenerul tău ascultându-l cu atenție, apreciindu-i calitățile și recunoscându-i nevoile.

De exemplu, poți să-i spui partenerului tău cât de mult îți apreciezi timpul petrecut împreună sau să-i arăți încrederea ta în abilitățile lui.

- Petreceți timp împreună: Este important să petreceți timp de calitate împreună pentru a întări legătura dintre voi. Găsiți activități sau hobby-uri comune care vă plac amândurora și faceți timp să le practicați împreună.

De exemplu, puteți merge la o plimbare în natură sau puteți petrece o seară de film acasă.

- Susțineți-vă reciproc: Într-o relație sănătoasă, este esențial să vă susțineți unul pe celălalt în momente dificile. Fiți acolo pentru partenerul vostru, oferindu-i sprijin emoțional și încurajare.

De exemplu, puteți să îl ascultați și să îl încurajați pe partenerul tău să-și urmeze visele sau să-l susțineți în perioadele stresante la locul de muncă.

Va propun 10 exercitii practice pentru   a construi o relație sănătoasă și fericită :

1. Comunicare deschisă și sinceră: O modalitate importantă de a construi o relație sănătoasă și fericită este să comunici deschis și sincer cu partenerul tău. Aceasta înseamnă să fii sincer în legătură cu sentimentele tale, să te exprimi cu respect și să fii dispus să asculți cu atenție și să îți pui în discuție propriile gânduri și emoții.

-De exemplu, în loc să presupui că partenerul tău știe cum te simți în legătură cu ceva, poți să ai o conversație deschisă despre acest lucru.

-De exemplu, poți spune "Mă simt nesigur în legătură cu această situație și aș vrea să discutăm despre cum ne putem sprijini reciproc în această privință".

2. Respect reciproc: Respectul este crucial într-o relație sănătoasă. Este important să îți arăți respectul față de partenerul tău prin ascultarea cu atenție a părerilor sale, acceptarea diferențelor și tratarea cu considerație.

-De exemplu, poți să îți arăți respectul față de partenerul tău prin recunoașterea eforturilor sale sau prin exprimarea aprecierii pentru calitățile și valorile sale.

3. Încredere reciprocă: Încrederea este un pilon important al unei relații sănătoase și fericite. Construirea încrederii implică să fii sincer și consecvent în comportamentul tău, să demonstrezi loialitate și să faci ceea ce spui că vei face.

-De exemplu, poți să îți exprimi încrederea în partenerul tău prin faptul că îl susții în alegerile și deciziile pe care le ia sau prin faptul că îi arăți că ești de încredere în momentele dificile.

4. Aprecierea reciprocă: Este important să îți exprimi recunoștința și aprecierea pentru partenerul tău în mod regulat. Aprecierea poate veni sub forma unor cuvinte de mulțumire, gesturi mici sau surprize dragi.
-De exemplu, poți să îți exprimi aprecierea pentru partenerul tău spunându-i cât de mult îți valorezi relația, cum te face să te simți bine sau cum îți aduce bucurie în viață.

5. Sprijin reciproc: Într-o relație sănătoasă, este important să te susții reciproc în dificultăți și să fii un partener de încredere în momentele bune și rele. Este important să fii prezent pentru partenerul tău și să îl ajuți să facă față provocărilor și dificultăților.
-De exemplu, poți să îți arăți sprijinul pentru partenerul tău prin faptul că ești acolo pentru el în momentele grele, îl asculți cu atenție și încurajare sau îl susții în proiectele și pasiunile sale.

6. Timp de calitate împreună: Este important să petreci timp de calitate împreună cu partenerul tău pentru a vă întări legătura și a vă bucura unul de celălalt. Poți planifica întâlniri romantice, aventuri distractive sau activități pe care le iubiți amândoi.

-De exemplu, puteți să mergeți la un film, să faceți o plimbare în natură, să gătiți împreună sau să călătoriți într-o destinație pe care o iubiți amândoi.

7. Rezolvarea conflictelor în mod constructiv: În orice relație, există inevitabil momente de conflict sau neînțelegeri. Este important să înveți să îți gestionezi conflictele în mod constructiv, să asculți cu atenție opiniile partenerului tău și să cauți soluții pentru a depăși obstacolele.

-De exemplu, în loc să eviți sau să ignori problemele, poți să discuți deschis și calm despre ceea ce vă deranjează și să căutați modalități de a ajunge la un consens sau la o înțelegere comună.

8. Cunoașterea și respectarea nevoilor și limitele partenerului: Este important să fii atent la nevoile și limitele partenerului tău și să încerci să le respecți în măsura în care este posibil. Fiecare persoană are nevoi și preferințe diferite, iar este important să le recunoști și să le respecți.

-De exemplu, poți să îți arăți respectul pentru limitele partenerului tău în legătură cu spațiul personal, timpul liber sau preferințele culinare, respectându-le și evitând să le încalci fără acordul său.

9. Colaborarea și partajarea responsabilităților: Într-o relație sănătoasă, colaborarea și partajarea responsabilităților sunt importante pentru a menține echilibrul și armonia. Este important să colaborați în luarea deciziilor, în realizarea sarcinilor de zi cu zi și în gestionarea responsabilităților comune.
-De exemplu, puteți să vă colaborați în planificarea financiară, în îngrijirea copiilor sau a animalelor de companie, în pregătirea mesei sau a curățeniei în casă, împărțind responsabilitățile în mod echitabil.

10. Lucrul la dezvoltarea personală și a cuplului: Este important să îți pui accent pe dezvoltarea personală și a relației tale, investind timp și energie în creșterea și îmbunătățirea ambelor. Poți să te implici în activități de crestere personală, să vă implicați în programe de coaching sau terapie de cuplu, sau să participați la workshop-uri și seminarii care vă ajută să vă întăriți și să vă îmbunătățiți abilitățile de comunicare, gestionare a stresului sau relaționare.
-De exemplu, puteți să participați împreună la workshop-uri despre comunicare non-violentă, gestionarea conflictelor sau intimitate și conexiune pentru a vă îmbunătăți și aprofunda legătura voastră.

Cartea "Cum sa iti gasesti sufletul pereche" este scrisa de Mariana C. si se adreseaza celor care isi doresc sa gaseasca dragostea adevarata si sa-si gaseasca sufletul pereche.

Cartea abordeaza subiecte precum dezvoltarea personala, depasirea fricilor si blocajelor emotionale, comunicarea eficienta in cuplu si pastrarea unei relatii sanatoase si fericite pe termen lung.

Prin intermediul acestor pagini, cititorii sunt incurajati sa-si descopere sinele autentic, sa-si clarifice valorile si prioritatile personale si sa-si manifeste iubirea si respectul fata de ei insisi inainte de a le putea oferi si altora.

Citind cartea "Cum sa iti gasesti sufletul pereche", vei invata cum sa atragi persoana potrivita in viata ta, cum sa te eliberezi de trecut si sa-ti deschizi inima catre iubirea pe care o meriti. Este o lectura captivanta si plina de sustinere pentru oricine isi doreste sa-si traiasca viata alaturi de sufletul sau pereche.

"Nu căuta pe cineva care să îți completeze, ci pe cineva care să îți accepte așa cum ești și să te sprijine să devii mai bun."

"Sufletul pereche este persoana care îți reflectă propriile calități și te face să devii o versiune mai bună a ta."

"Când găsești pe cineva care îți face inima să bată mai tare, nu lăsa să treacă acea persoană fără să încerci să păstrezi legătura."

"Când sufletul tău găsește pe cineva cu care rezonă și cu care se simte în armonie, atunci vei ști că ai găsit sufletul pereche."

Dragi cititori,

vreau să vă mulțumesc din suflet pentru că ați ales să citiți cartea mea "Cum să-ți găsești sufletul pereche". Sper că această carte v-a fost de folos și v-a adus informații și idei noi în căutarea voastră pentru a găsi acea persoană specială.

Mă simt privilegiată că am putut împărtăși cu voi cunoștințele și experiența mea în domeniul relațiilor și căutării sufletului pereche. Sper că aceste cărți va ajuta să navigați mai ușor în lumea complexă a iubirii și să vă găsiți potrivirea perfectă.

Vă mulțumesc din nou pentru sprijinul vostru și pentru că ați avut încredere în mine și în această carte. Nu uitați niciodată că meritati să fiți iubiți și să găsiți fericirea alături de sufletul vostru pereche.

Cu multă recunoștință,

Mariana C.

www.ingramcontent.com/pod-product-compliance
Lightning Source LLC
Chambersburg PA
CBHW021354150726
47989CB00005B/2250